COMPTABILITÉ GÉNÉRALE

Principes
Opérations courantes
Opérations de régularisation
États financiers anglo-saxons

Cinquième édition

Catherine DEFFAINS-CRAPSKY
Maître de Conférences à l'université d'Angers

Directeur de la collection LEXIFAC Économie et Gestion

Philippe RAIMBOURG
Agrégé des Universités,
Professeur à l'université Paris I Panthéon-Sorbonne

Bréal

1, rue de Rome - 93651 Rosny Cedex

GESTION

Sous la direction de Philippe Raimbourg

Comportement du consommateur et de l'acheteur
Comptabilité analytique
Comptabilité générale
Comptabilité des sociétés commerciales
Contrôle de gestion
Gestion financière
Mathématiques financières
Système bancaire et financier français

ÉCONOMIE

Sous la direction de Philippe Raimbourg

Démographie économique
Microéconomie (tome 1 et 2)
Macroéconomie (tome 1, 2 et 3)
Probabilités pour l'économie
Statistiques appliquées à l'économie
Marketing

DROIT

Droit administratif
Droit administratif des biens
Droit de la famille
Droit des personnes
Droit des biens
Droit des obligations
Les contrats spéciaux
Droit constitutionnel
Droit commercial : l'entreprise commerciale
Droit commercial : droit des entreprises en difficulté
Droit des Collectivités territoriales
Droit des sociétés
Droit du travail
Droit international privé
Droit pénal général
Droit pénal spécial
Finances publiques
Histoire du droit et des institutions
Introduction générale au droit
Procédure civile
Régimes matrimoniaux
Procédure pénale

FISCALITÉ

Fiscalité des entreprises et des particuliers

ISBN : 978-2-7495-0849-8

AVANT-PROPOS

Composés de fiches, les ouvrages de la collection LEXIFAC exposent en détail les thèmes majeurs **de l'économie et de la gestion** figurant aux programmes des premiers et seconds cycles universitaires.

Leur présentation claire et structurée vise plusieurs objectifs :

– **fournir une synthèse complète du cours**, faisant apparaître les points essentiels de la question traitée et leur articulation : les étudiants pourront ainsi, pour chaque volume, assimiler l'ensemble des notions économiques et de gestion abordées et comprendre les problématiques soulevées ;

– **permettre une préparation efficace des examens** en donnant aux étudiants les moyens de rassembler leurs connaissances ;

– **favoriser une consultation rapide sur un point précis** : chaque fiche se consulte facilement, pour retrouver une définition, une notion ou vérifier une méthode de calcul…

Si ces ouvrages sont conçus à destination des étudiants du premier et second cycle universitaire, ils ont également pour ambition d'autoriser une découverte rapide du domaine aux non-spécialistes.

Cette **5e édition** expose en 64 fiches les grands principes de la comptabilité générale et les méthodes d'enregistrement des opérations courantes et de régularisation. Elle tient compte notamment des nouvelles règles en matière de dépréciations et de provisions. En dernière partie, sont présentés **les principes généraux des états financiers anglo-saxons. Un lexique** très utile des termes anglo-saxons clôt l'ouvrage.

Philippe RAIMBOURG
Agrégé des Universités,
Professeur à l'université Paris I Panthéon-Sorbonne
Directeur de la collection Lexifac Économie et Gestion

SOMMAIRE

PARTIE I : FONDEMENTS, PRINCIPES ET FONCTIONNEMENT

fiche 1 - Objectifs et moyens de la comptabilité générale 8
fiche 2 - Principes de la comptabilité générale 12
fiche 3 - Principe de la partie double 14
fiche 4 - L'enregistrement expliqué par les flux 16
fiche 5 - L'enregistrement expliqué par les stocks 20
fiche 6 - Les procédés comptables 22
fiche 7 - Clôture et ouverture des comptes 26
fiche 8 - Le compte de résultat 30
fiche 9 - Le bilan 32
fiche 10 - L'annexe et les documents sociaux 34

PARTIE II : LES OPÉRATIONS COURANTES

fiche 11 - Les achats et les ventes 38
fiche 12 - L'enregistrement de la TVA 42
fiche 13 - Exigibilité et déductibilité de la TVA 46
fiche 14 - Les charges et les produits. 48
fiche 15 - Les réductions à caractère commercial 52
fiche 16 - Les réductions à caractère financier 56
fiche 17 - Les frais accessoires d'achat : présentation 60
fiche 18 - Les frais de transport 64
fiche 19 - Les emballages consignés 68
fiche 20 - La restitution des emballages. 72
fiche 21 - Les emballages non restitués 76
fiche 22 - Les effets de commerce 78
fiche 23 - La circulation des effets de commerce. 82
fiche 24 - Difficultés de recouvrement des effets 86
fiche 25 - Les charges salariales. 90
fiche 26 - Les charges patronales 94
fiche 27 - Paiement des salaires et des cotisations sociales 98
fiche 28 - Les immobilisations 102
fiche 29 - L'acquisition des immobilisations 104
fiche 30 - Les immobilisations : cas particuliers 108
fiche 31 - Les titres 110

PARTIE III : LES OPÉRATIONS DE RÉGULARISATION

fiche 32 - Les stocks de marchandises 116
fiche 33 - Les stocks de matières premières et de produits finis . . 120
fiche 34 - Les charges à payer 124
fiche 35 - Les produits à recevoir 128
fiche 36 - Les charges et les produits constatés d'avance 132
fiche 37 - L'amortissement 134
fiche 38 - L'amortissement linéaire 138
fiche 39 - L'amortissement dégressif 140
fiche 40 - L'amortissement minimum 142
fiche 41 - L'amortissement dérogatoire 144
fiche 42 - La cession d'immobilisation 148
fiche 43 - Cession d'immobilisation avec amortissement dérogatoire 152
fiche 44 - Cession d'immobilisation avec TVA 156
fiche 45 - Dépréciation : principe 158
fiche 46 - Dépréciation : application 160
fiche 47 - La dépréciation des titres 164
fiche 48 - La dépréciation des stocks 166
fiche 49 - La dépréciation des créances clients 168
fiche 50 - Les provisions 172
fiche 51 - Les provisions pour hausse de prix 174
fiche 52 - Les provisions pour fluctuation de cours 178
fiche 53 - Les provisions pour investissement 180
fiche 54 - Les charges à répartir 182
fiche 55 - Créances et dettes en monnaies étrangères 186
fiche 56 - Règlement des créances et dettes en monnaies étrangères 190
fiche 57 - Emprunts en monnaies étrangères 194
fiche 58 - L'impôt sur les bénéfices 198
fiche 59 - L'affectation des résultats 202

PARTIE IV : ÉTATS FINANCIERS ANGLO-SAXONS : PRINCIPES GÉNÉRAUX

fiche 60 - Environnement comptable et financier international . . 208
fiche 61 - Les techniques comptables anglo-saxonnes 211
fiche 62 - Le compte de résultat (*Income statment - profit and loss account*) 216
fiche 63 - Le bilan (*Balance sheet*) 218
fiche 64 - Lexique des principaux termes anglo-saxons 222

PARTIE I

FONDEMENTS, PRINCIPES ET FONCTIONNEMENT

Fiche 1

OBJECTIFS ET MOYENS DE LA COMPTABILITÉ GÉNÉRALE

I - LES OBJECTIFS

A - LES OBJECTIFS DE LA COMPTABILITÉ GÉNÉRALE

La comptabilité générale est un système d'information se présentant sous la forme d'un ensemble de documents. Son but premier est de décrire les opérations de l'entreprise à l'intention des divers utilisateurs intéressés (fournisseurs, actionnaires, prêteurs…).

En effet, le PCG (Article 120-1) définit la comptabilité comme suit : « La comptabilité est un système d'organisation de l'information financière permettant de saisir, classer, enregistrer des données de base chiffrées et de présenter des états reflétant une image fidèle du patrimoine, de la situation financière et du résultat de l'entité à la date de clôture. » Les deux principaux objectifs sont exposés ci-dessous. (On verra dans la fiche 2 que, dans le nouveau PCG, l'unique objectif est en fait de fournir une image fidèle de la situation de l'entreprise.)

1. Mesure et analyse du patrimoine de l'entreprise

L'un des objectifs de la comptabilité générale est de déterminer la valeur du patrimoine de l'entreprise, c'est-à-dire sa situation nette, à savoir la différence entre ses droits et ses obligations.

La situation nette apparaît au bilan :

Situation nette = actifs – dettes

Il s'agit de l'équation de bilan qui doit toujours être vérifiée.

2. Mesure et analyse de la variation du patrimoine de l'entreprise

Le second objectif est de mesurer la variation du patrimoine d'une période à l'autre.

À la fin de chaque exercice comptable, cette variation est égale au résultat, qui est la différence entre les charges consommées sur la période et les produits enregistrés sur la même période.

Deux situations se présentent :

- le résultat est négatif :
  - la variation du patrimoine de l'entreprise est négative ;
  - au bilan, on constate que la situation nette a diminué ;
- le résultat est positif :
  - la variation du patrimoine de l'entreprise est positive ;
  - au bilan, on constate que la situation nette a augmenté.

B - Les objectifs de la normalisation comptable

La comptabilité a toujours existé, mais sous des formes différentes.

La comptabilité en partie double est apparue à la fin du Moyen Âge.

La nécessité d'une normalisation comptable s'est fait sentir lors du développement des grandes entreprises industrielles et commerciales.

Les objectifs de la normalisation comptable sont multiples :

- besoin d'un langage précis et clair pour communiquer avec les différentes catégories d'utilisateurs ;
- présentation d'informations nécessaires aux analyses de gestion interne ;
- garantie du respect d'un certain nombre de règles pour les partenaires externes de l'entreprise (actionnaires, prêteurs, fournisseurs, clients...)

II - Les moyens

A - Le Plan comptable général

- Le Plan comptable général (PCG) est le document central des comptabilités des entreprises ; il présente les règles en matière d'enregistrement comptable ainsi que le contenu des documents comptables (bilan, compte de résultat, annexe) ;
- en France, le premier PCG date de 1947 ; il s'agit de la première norme comptable mise en place dans l'Hexagone (sous le gouvernement de Vichy, une commission interministérielle a élaboré un Plan comptable publié mais non appliqué) ;
- le Plan comptable général de 1957 a été élaboré par le Conseil Supérieur de la Comptabilité devenu à cette date le Conseil national de la comptabilité (CNC) ;
- le CNC a pour mission d'assurer l'application du PCG ;
- dans l'esprit de la quatrième directive européenne, le décret du 27 avril 1982 présentait les systèmes comptables et le plan de comptes dans le cadre du troisième PCG.

- En 1996, une réforme de la réglementation comptable française a été mise en place. Il s'agissait alors d'une modernisation des institutions :

  – décret du 26 août 1996 : réorganisation du CNC et création de son Comité d'Urgence.
  – loi du 6 avril 1998 : institution du Comité de la Réglementation Comptable (CRC).

- Une nouvelle version du PCG a été adoptée par le CRC et homologuée par arrêté ministériel en 1999. Le PCG « refonte 1999 » remplace l'ancien PCG. L'objectif de ce nouveau PCG est de « regrouper les textes comptables généraux existants dans un ensemble cohérent constitué d'articles et suceptible d'être modifié facilement à l'avenir » (BCF 5/99). Ce nouveau PCG n'entraîne pas de véritables changements pour la comptabilisation des opérations. Il n'est que le début de la refonte de la comptabilité générale. En revanche, sa structure et sa rédaction sont fondamentalement différentes de ce qu'elles étaient dans le PCG 1982.

- Le PCG 2005 est très novateur, tant sur la forme que sur le fond. Sur le fond, la vision traditionnelle du bilan est remplacée par une analyse plus économique dont la finalité est la recherche de l'image fidèle. En effet, le PCG s'oriente vers le référentiel des normes comptables IFRS (International Financial Reporting Standards) dont l'un des principes fondamentaux est la prééminence de l'économique sur le juridique (notion de juste valeur ou « *fair value* »). Sur la forme, le PCG 2005 se présente comme un code. Le recours à des articles codifiés permet de faire évoluer le droit comptable en continu par insertion, retrait ou modification des articles (ce qui existait depuis 1999).

- L'ordonnance 2009-79 du 22 janvier 2009 instaure l'Autorité des normes comptables (ANC). L'ANC est dorénavant le régulateur comptable unique puisqu'elle remplace le CNC et le CRC.

B - Les systèmes comptables

1. Les trois systèmes comptables

Les trois systèmes prévus par le PCG dépendent de la taille de l'entreprise et de sa volonté de développer ses comptes :

- le système de base est le système qui s'impose ;
- les entreprises de petite taille peuvent adopter le système abrégé :
  – chiffre d'affaires ≤ 534 000 euros,
  – ou total de bilan ≤ 267 000 euros,
  – ou effectif ≤ 10 ;
- les entreprises désirant affiner leurs comptes peuvent utiliser le système développé.

2. Les documents de synthèse

Ces documents sont au nombre de trois et forment un tout indissociable :

- le compte de résultat : il explique la variation du patrimoine de l'entreprise sur une période donnée ;
- le bilan : il présente la situation du patrimoine de l'entreprise à une date donnée ;
- l'annexe : elle regroupe un ensemble d'informations indispensables à la compréhension des deux autres documents.

C - Le plan de comptes

Le plan de comptes comprend 9 classes. Un système de codification, à partir de l'adjonction d'un chiffre à partir du numéro de chaque classe, permet d'identifier les grandes masses du compte de résultat et du bilan.

1. Les comptes de situation

Les comptes des classes 1 à 5 sont des comptes de bilan :

- classe 1 (comptes de capitaux) : il s'agit des ressources permanentes de l'entreprise ;
- classe 2 (comptes d'immobilisations) : il s'agit des biens durables détenus par l'entreprise ;
- classe 3 (comptes de stocks) : il s'agit de biens intervenant dans le cycle d'exploitation de l'entreprise ;
- classe 4 (comptes de tiers) : il s'agit des créances et des dettes non financières de l'entreprise ;
- classe 5 (comptes financiers) : on y trouve notamment le compte banque.

2. Les comptes de gestion

Les comptes des classes 6 et 7 sont des comptes du compte de résultat :

- les comptes de charges (6) ;
- les comptes de produits (7).

3. Les comptes spéciaux

Ce sont les comptes de la classe 8. Ces comptes sont utilisés pour préparer l'établissement de l'annexe.

4. Les comptes de la classe 9

Ces comptes sont réservés à la comptabilité analytique.

Fiche 2

PRINCIPES DE LA COMPTABILITÉ GÉNÉRALE

I - LES PRINCIPES COMPTABLES : GÉNÉRALITÉS

Dans le PCG, les principes occupent une place très importante. En effet, tout traitement comptable repose sur ces principes : ils représentent les fondations de la comptabilité.

Ces principes sont définis tant dans le Code de commerce que dans le PCG. En France, les principes comptables sont des principes légaux puisque la comptabilité constitue une branche autonome du droit. Dans de nombreux pays, l'État n'intervenant pas dans la normalisation comptable, les principes comptables sont « généralement admis ».

Dans le PCG 2005, la hiérarchie des principes comptables a été modifiée. Comme cela a été signalé dans la fiche 1, les réformes engagées depuis 1999 avaient pour objectif de laisser la place à une analyse plus économique, moins prudente, en vue de rechercher l'image fidèle. Ainsi, alors que le premier principe qui apparaît dans le PCG 1982 est le principe de prudence, le premier principe présenté dans le PCG 2005 est le principe de l'image fidèle (le principe de prudence apparaît au rang 7).

Le PCG s'est orienté vers le référentiel IFRS dont l'un des principes fondamentaux est la prééminence de la réalité sur l'apparence (de l'économique sur le juridique).

II - LE PRINCIPE D'IMAGE FIDÈLE

Dans le nouveau PCG, l'image fidèle apparaît comme l'unique objectif de la comptabilité. Cette notion est issue de la 4e Directive européenne et inspirée du concept anglo-saxon « *true and fair value* ».

Il s'agit d'une notion qui oppose deux comportements :

- le respect de l'ensemble des principes comptables ;
- l'obligation de fournir toute information pertinente et indispensable à la compréhension, par les tiers, de la situation de l'entreprise.

Selon le Code de commerce, « le bilan, le compte de résultat et l'annexe doivent comprendre autant de rubriques et de postes qu'il est nécessaire pour donner une image fidèle du patrimoine, de la situation financière et du résultat de l'entreprise ».

III - LES AUTRES PRINCIPES

Afin de donner une image fidèle, les règles qui doivent être retenues sont les suivantes :

- comparabilité et permanence des méthodes ;
- continuité d'exploitation ;
- régularité ;
- sincérité ;
- importance relative ;
- prudence.

Selon le PCG, « la comptabilité permet d'effectuer des comparaisons périodiques et d'apprécier l'évolution de l'entité dans une perspective de continuité d'activité ». En effet, la continuité est maintenant présentée comme un principe à part entière. La régularité est la conformité aux règles et aux procédures.

La sincérité suppose que les responsables de l'entreprise doivent traduire la situation économique réelle de l'entreprise de façon loyale. Cela ne nécessite pas que les dirigeants procurent une information exhaustive.

Le principe d'importance relative signifie qu'ils doivent présenter toute information à caractère significatif.

Le principe de prudence n'est plus appréhendé de la même façon puisque le principe d'image fidèle prévaut sur la prudence. La prudence est mieux encadrée afin d'assurer une vision économique.

Fiche 3

PRINCIPE DE LA PARTIE DOUBLE

I - LES DEUX EXPLICATIONS

A - Les opérations de l'entreprise

La comptabilité est la description chiffrée de l'activité de l'entreprise. Cette activité se traduit par un certain nombre d'opérations telles que :

– les emprunts bancaires et l'émission d'actions ;

– l'achat de matériel ;

– l'achat de matières premières, d'énergie ;

– les commandes à des sous-traitants ;

– l'embauche de personnel ;

– la vente sur le marché des biens et services ;

– le paiement d'impôts et taxes diverses.

L'enregistrement comptable de toutes ces opérations répond au principe de la partie double qui peut être expliqué de deux façons.

B - L'explication par les flux

Les opérations de l'entreprise peuvent être assimilées à des flux et chaque flux peut être analysé en termes d'emploi et de ressource :

- ressource : moyen à caractère financier auquel on a recours et qui permet une opération économique ;
- emploi : utilisation qui a été faite des ressources dont on a disposé.

La ressource correspond à l'origine du flux et l'emploi à son point d'arrivée.

C - L'explication par les stocks

L'objectif de l'entreprise est de mesurer le patrimoine de l'entreprise et sa variation d'une période sur l'autre.

Selon l'analyse patrimoniale, le principe de la partie double consiste à traduire en comptabilité l'incidence des opérations de l'entreprise sur les composantes du bilan (les incidences sur le compte de résultat se traduisent, à terme, sur le bilan puisque le résultat traduit la variation du patrimoine sur une période).

II - ÉNONCÉ DU PRINCIPE

A - L'ANALYSE PAR LES FLUX

Selon le principe de la partie double, toute opération dans une entreprise peut être analysée comme une ressource et un emploi : tout ce qui est utilisé a été obtenu et tout ce qui est obtenu est utilisé. Le principe de la partie double revient à ramener chaque opération à l'égalité économique :

emploi = ressource

Dans la pratique comptable, les termes ressource et emploi ne sont pas utilisés. Ils sont remplacés par les notions de « débit » et de « crédit ». Les équivalences de termes sont les suivantes :

emploi = débit

ressource = crédit

Dans un compte, le débit se trouve à gauche et le crédit à droite.

B - L'ANALYSE PATRIMONIALE

Du point de vue de l'analyse patrimoniale, le principe de la partie double s'énonce de la façon suivante :

« Tout mouvement affectant un élément quelconque du bilan est nécessairement accompagné d'un mouvement inverse et de même importance sur un ou plusieurs autres éléments de telle sorte que l'équation $A - (D + S) = 0$ reste toujours vérifiée. »

L'équation considérée est l'équation de bilan, avec :

– A : actifs ;

– D : dettes ;

– S : situation nette.

Fiche 4

L'ENREGISTREMENT EXPLIQUÉ PAR LES FLUX

I - L'ANALYSE PAR LES FLUX

A - Opérations représentées par un seul flux

Considérons une entreprise A qui achète des matières premières à crédit à une entreprise B.

1. Représentation des flux

Cette opération peut être schématisée de la façon suivante :

La flèche représente le flux de marchandises allant de l'entreprise B vers l'entreprise A.

2. Comptabilisation

Afin d'effectuer la comptabilisation, il est nécessaire d'identifier la ressource et l'emploi :

– ressource (point de départ) : fournisseur B ;

– emploi (point d'arrivée) : achats de marchandises.

On a utilisé le crédit octroyé par le fournisseur pour augmenter la quantité de marchandises stockées.

Cette identification permet de comptabiliser cette opération selon le principe de la partie double de la façon suivante :

Achats de marchandises	
X	

Fournisseur B	
	X

Le compte « Fournisseur » est crédité et le compte « Achats de marchandises » est débité.

B - Opérations représentées par deux flux

La réalité économique rend les opérations de l'entreprise plus complexes que celle qui a été analysée dans le point précédent.

Considérons maintenant que l'entreprise A achète ses marchandises au comptant et non à crédit.

1. Représentation des flux

Cette opération peut être schématisée de la façon suivante :

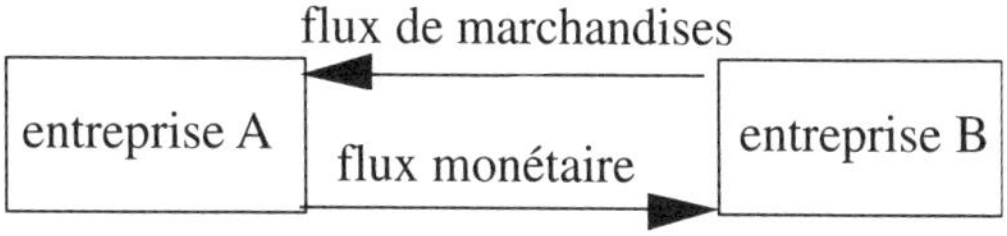

On constate, cette fois-ci, qu'il y a deux flux de sens inverse entre les deux entreprises. Comment, dans cette situation, identifier la ressource et l'emploi ?

2. Comptabilisation

Pour résoudre ce problème, il est nécessaire de raisonner uniquement dans le cadre de la comptabilité de l'entreprise qui nous intéresse.

- Dans l'entreprise A, l'opération analysée peut se réduire à un flux unique schématisé de la façon suivante :

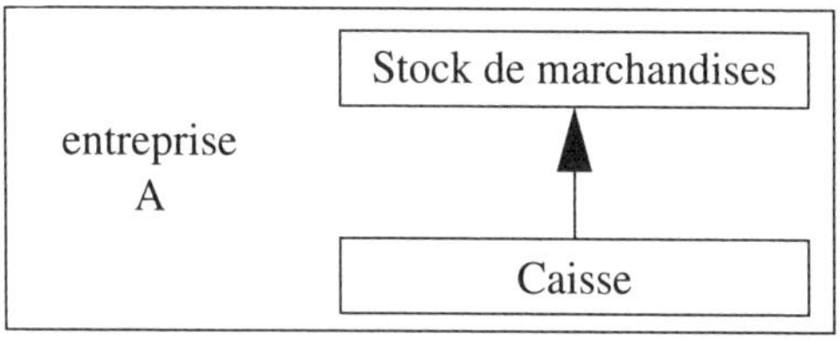

Il est maintenant possible d'identifier la ressource et l'emploi de cette opération du point de vue de la comptabilité de l'entreprise A :

ressource = encaisse de l'entreprise
emploi = stock de marchandises

La valeur détenue en caisse est transformée en marchandises : on a utilisé l'argent dont dispose l'entreprise A pour augmenter le stock de marchandises.

Ainsi les comptes mouvementés dans l'entreprise A sont les suivants :

Achats de marchandises	
X	

Caisse	
	X

Le compte « Caisse » est crédité et le compte « Achats de marchandises » est débité.

■ On peut faire exactement le même raisonnement dans la comptabilité de l'entreprise B. Dans la comptabilité du fournisseur, l'opération réalisée peut être schématisée comme suit :

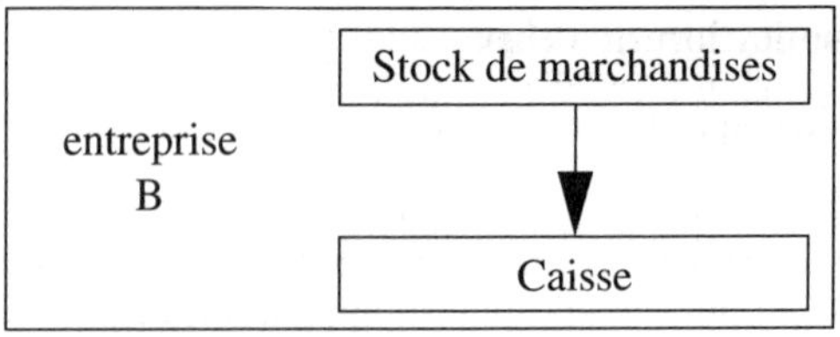

Ainsi, on a :

ressource = ventes de marchandises
emploi = caisse

La valeur détenue en stock est transformée en liquidités : on a employé les marchandises en stock pour augmenter les liquidités de l'entreprise.

Dès lors, la comptabilisation, dans l'entreprise B, sera la suivante :

Vente de marchandises		Caisse	
	X	X	

Le compte « Ventes de marchandises » est crédité et le compte « Caisse » est débité.

II - LE PLAN DE COMPTES

A - L'ANALYSE DES COMPTES

1. Les comptes provisoires

■ Les comptes d'emplois provisoires :

– classe 2 (comptes d'immobilisations) : le matériel se déprécie au cours du temps et il peut être revendu ;

– classe 3 (comptes de stocks) : les stocks de marchandises, de matières premières et de produits finis sont appelés à être régulièrement modifiés ;

– classe 4 (créances clients) : lorsque les clients règlent l'entreprise, le montant des créances varie ;

– classe 5 (comptes financiers) : le montant figurant dans les comptes caisse et banque sont régulièrement modifiés.

■ Les comptes de ressources provisoires :

– classe 1 (comptes de capitaux) : le montant des capitaux propres varie au fur et à mesure que l'entreprise dégage des résultats et les dettes financières doivent être remboursées ;

– classe 4 (dettes fournisseurs) : l'entreprise doit rembourser ses différents débiteurs.

2. Les comptes définitifs

- Les comptes d'emplois définitifs :
  Classe 6 (pertes) : ce sont toutes les charges de l'entreprise, qu'il s'agisse de charges d'exploitation (achats de matières premières, consommation d'énergie...), de charges financières ou de charges exceptionnelles.

- Les comptes de ressources définitives :
  Classe 7 (gains) : ce sont tous les produits de l'entreprise, qu'il s'agisse de produits d'exploitation (ventes), de produits financiers ou de produits exceptionnels.

B - Exemples

À partir de cette classification, il est possible d'enregistrer toutes les opérations de l'entreprise en utilisant la nomenclature du plan de comptes du PCG. En guise d'exemples, nous allons reprendre les deux opérations analysées précédemment.

- Achat à crédit de marchandises :
  Un achat de marchandises est un emploi définitif pour l'entreprise. Il est donc enregistré en classe 6. A la lecture du plan de comptes, on constate qu'il existe un compte 607 « Achats de marchandises ». La contrepartie du débit du compte 607 est le crédit, pour le même montant, du compte 401 « Fournisseur » :

607 Achats de marchandises	
X	

401 Fournisseur	
	X

- Achat de marchandises au comptant :
  En procédant au même raisonnement que précédemment, l'enregistrement est le suivant :

607 Achats de marchandises	
X	

530 Caisse	
	X

Le compte financier apparaît ici comme un compte de ressource provisoire.

Fiche 5

L'ENREGISTREMENT EXPLIQUÉ PAR LES STOCKS

I - LES ENREGISTREMENTS ÉLÉMENTAIRES

A - Principe

Selon le principe de la partie double, l'enregistrement comptable de toute opération doit être tel que l'équation de bilan soit toujours vérifiée.

Cette équation contenant trois éléments, il existe neuf enregistrements élémentaires tels que l'équation A – (D + S) = 0 reste vraie.

B - Les neuf enregistrements élémentaires

1. La diminution d'un élément d'actif

Pour que l'équation reste vraie, la diminution d'un élément d'actif doit être compensée par l'un des trois mouvements suivants à hauteur du même montant :

- augmentation d'un autre élément d'actif ;
- diminution d'une dette ;
- diminution de la situation nette.

2. L'augmentation d'une dette

Pour que l'équation reste vraie, l'augmentation d'une dette doit être compensée par l'un des trois mouvements suivants à hauteur du même montant :

- augmentation d'un élément d'actif ;
- diminution d'une autre dette ;
- diminution de la situation nette.

3. L'augmentation de la situation nette

Pour que l'équation reste vraie, l'augmentation de la situation nette doit être compensée par l'un des trois mouvements suivants à hauteur du même montant :

- augmentation d'un élément d'actif ;
- diminution d'une dette ;
- diminution de la situation nette.

Ces relations peuvent se lire dans les deux sens.

II - EXEMPLES

Reprenons les deux exemples présentés dans la fiche n°4.

1. Achat de marchandises à crédit

Les achats de marchandises sont considérés comme une charge. Leur constatation entraîne une diminution du patrimoine de l'entreprise, donc de la situation nette. Pour que l'équation du bilan soit vérifiée, cette diminution doit être compensée par un mouvement de même ampleur d'un autre élément du bilan. Comme il s'agit d'un achat à crédit, la contrepartie est une augmentation des dettes :

607 Achats de marchandises		401 Fournisseur	
X			X

2. Achat de marchandises au comptant

La diminution de la situation nette peut également être compensée par une augmentation d'un compte d'actif :

607 Achats de marchandises		530 Caisse	
X			X

Fiche 6

LES PROCÉDÉS COMPTABLES

I - PRÉSENTATION

Pour tenir sa comptabilité, l'entreprise doit respecter un certain nombre de procédures. Celles-ci lui permettent d'établir le bilan et le compte de résultat correspondant à un exercice comptable.

A - Le livre journal (ou journal)

1. Définition

Le livre journal constitue la mémoire chronologique de l'entreprise.

Dès qu'une opération de l'entreprise est réalisée, elle doit être enregistrée dans ce document. De nos jours, la saisie se fait à l'aide de l'outil informatique.

2. Présentation

compte débité	compte crédité	libellé	débit	crédit
X	X	date et justification de l'opération	Y	Y

B - Le grand livre

Le grand livre constitue une mémoire par nature des opérations de l'entreprise. Il se présente sous la forme de comptes en « T » classés dans l'ordre du plan de comptes.

Au début de l'exercice comptable, on reporte dans le grand livre les soldes débiteurs et les soldes créditeurs des comptes de situation tels qu'ils apparaissent dans le bilan de l'exercice précédent.

À la fin de l'exercice comptable, on reporte toutes les opérations enregistrées dans le journal pendant l'exercice dans les comptes en T.

C - La balance

1. Définition

Il s'agit également d'une mémoire par nature des opérations de l'entreprise. La présentation particulière de ce document permet de s'assurer que les égalités suivantes sont vérifiées :

Total débits = total crédits = total journal.
Total soldes débiteurs = total soldes créditeurs.

Toutefois, même si ces égalités sont vérifiées, il n'est pas impossible que des erreurs aient été réalisées mais ces dernières se compensent. Il en est ainsi si le compte débité et le compte crédité ont été inversés. De même, si l'enregistrement est correct du point de vue du principe de la partie double mais que le montant enregistré est inexact, la balance sera juste.

2. Présentation

La balance se présente comme un tableau à six colonnes. Dans la première colonne figurent les numéros de comptes, classés dans l'ordre du plan de comptes. La colonne suivante fait apparaître le libellé des comptes. Dans les quatre colonnes suivantes apparaissent respectivement :

– le montant figurant au débit du compte ;

– le montant figurant au crédit du compte ;

– le solde débiteur du compte si débit > crédit ;

– le solde créditeur du compte si débit < crédit.

II - APPLICATION

A - Énoncé

Considérons l'entreprise Alpha dont les soldes des comptes de situation sont tous nuls en début d'exercice (l'entreprise vient d'être créée). Cette société effectue les opérations suivantes pendant le premier semestre de l'année N :

(1) Le 1/01/N, les associés apportent un capital social de 50 000 € destiné à constituer une trésorerie minimale ;

(2) le 15/01/N : achat d'un matériel informatique à crédit pour 9 500 € ;

(3) le 25/02/N : achat d'un matériel de transport pour un montant de 37 500 €, dont 32 500 € à crédit et le solde comptant ;

(4) le 15/05/N : achat de marchandises pour 19 500 €, dont 12 000 € à crédit ;

(5) le 05/06/N : vente de marchandises pour 32 500 €, dont la moitié à crédit.

B - Corrigé

1. Le journal

			Débit	Crédit
		1/01/N		
512		Banque	50 000	
	101	Capital social		50 000
		15/01/N		
2183		Matériel informatique	9 500	
	404	Fournisseur d'immobilisation		9 500
		25/02/N		
2182		Matériel de transport	37 500	
	404	Fournisseur d'immobilisation		32 500
	512	Banque		5 000
		15/05/N		
607		Achats de marchandises	19 500	
	401	Fournisseur		12 000
	512	Banque		7 500
		5/06/N		
512		Banque	16 250	
411		Client	16 250	
	707	Vente de marchandises		32 500
TOTAL JOURNAL			149 000	149 000

2. Le grand livre

■ Les comptes de situation

101 Capital

SC = 50 000	50 000
50 000	50 000

2182 Matériel de transport

37 500	SD = 37 500
37 500	37 500

2183 Matériel informatique

9 500	SD = 9 500
9 500	9 500

401 Fournisseur

SC = 12 000	12 000
12 000	12 000

404 Fournisseurs d'immobilisations

SC = 42 000	32 500
	9 500
42 000	42 000

411 Clients

16 250	SD = 16 250
16 250	16 250

512 Banque

50 000	5 000
16 250	7 500
	SD = 53 750
66 250	66 250

■ Les comptes de gestion

607 Achats de marchandises

19 500	SD = 19 500
19 500	19 500

707 Ventes de marchandises

32 500	SD = 32 500
32 500	32 500

3. La balance

comptes	libellés	débits	crédits	SD	SC
101	Capital social		50000		50000
2182	Matériel de transport	37500		37500	
2183	Matériel informatique	9500		9500	
401	Fournisseurs		12000		12000
404	Fournisseurs d'immobilisation		42000		42000
411	Clients	16250		16250	
512	Banque	66250	12500	53750	
607	Achats de marchandises	19500		19500	
707	Vente de marchandises		32500		32500
TOTAL		**149000**	**149000**	**136500**	**136500**

On constate que les égalités suivantes sont respectées :

– total débits = total crédits = total journal ;
– total soldes débiteurs = total soldes créditeurs.

Fiche 7

CLÔTURE ET OUVERTURE DES COMPTES

I - LA CLÔTURE DES COMPTES

Après avoir réalisé le grand livre et la balance, il faut réaliser la clôture des comptes.

A - La détermination du résultat de la période

1. Principe

La fermeture des comptes de gestion permet de déterminer le résultat de la période au journal. Cette opération consiste à :

- annuler tous les comptes de charges débiteurs en les créditant du montant de leur solde par le débit du compte 12 ;
- annuler tous les comptes de produits créditeurs en les débitant du montant de leur solde par le crédit du compte 12 ;
- déterminer la perte ou le bénéfice réalisé en fonction du solde du compte 12 :
  - si ce solde est créditeur : bénéfice (120) ;
  - si ce solde est débiteur : perte (129).

2. Application

Reprenons l'exemple de la société Alpha. La fermeture des comptes de gestion a lieu le 30/06/N.

		30/06/N		
12		Résultat de l'exercice	19 500	
	607	Achats de marchandises		19 500
707		Ventes de marchandises	32 500	
	12	Résultat de l'exercice		32 500
12		Résultat de l'exercice	13 000	
	120	Résultat de l'exercice (bénéfice)		13 000

On constate, par cette opération, que les comptes de gestion et que le compte 12 sont à zéro. De plus, on a déterminé le bénéfice de la période (solde créditeur du compte 120).

B - La clôture des comptes de bilan

1. Principe

La fermeture des comptes de situation ne peut se faire qu'après la fermeture des comptes de gestion. En effet, cette dernière a permis de déterminer le résultat de la période, c'est-à-dire la variation du patrimoine qui est inscrite dans un compte de la classe 1 :

- le compte de situation 120 si c'est un bénéfice ;
- le compte de situation 129 si c'est une perte.

La clôture des comptes de situation consiste à :

- fermer les comptes d'emplois débiteurs en les créditant du montant de leur solde ;
- fermer les comptes de ressources créditeurs en les débitant du montant de leur solde.

2. Application

Reprenons une fois de plus l'exemple de l'entreprise Alpha.

		30/06/N		
101		Capital	50 000	
120		Résultat de l'exercice	13 000	
401		Fournisseurs	12 000	
404		Fournisseurs d'immobilisation	42 000	
	2182	Matériel de transport		37 500
	2183	Matériel informatique		9 500
	411	Clients		16 250
	512	Banque		53 750
Total			117000	117000

En vertu du principe de la partie double, on constate que :

total débits = total crédits.

Par cette opération tous les comptes de situation sont fermés.

II - LA RÉOUVERTURE DES COMPTES

A - Principe

Au début de la période suivante, l'entreprise doit ouvrir tous ses comptes de situation :

- son patrimoine n'a pas varié entre la date à laquelle elle a fermé ses comptes et la date à laquelle elle les ouvre à nouveau ;
- au début de cette nouvelle période, les actifs et les dettes de l'entreprise sont toujours les mêmes qu'à la fin de la période précédente.

Au début de la nouvelle période, tous les comptes de gestion de l'entreprise sont à zéro :

- les charges et les produits enregistrés au cours de la période précédente ont fait varier le patrimoine sur cette période et cette variation a été prise en compte ;
- aucun élément de charge ou de produit n'a été enregistré entre la date de fermeture et la date d'ouverture des comptes.

L'ouverture des comptes de situation se fait de la façon suivante :

- on débite les comptes d'emplois du montant de leur solde à la fin de la période précédente par le crédit des comptes de ressources du montant de leur solde lors de la fermeture des comptes ;
- ainsi, on recrée le bilan au journal et l'on vérifie que le total des soldes débiteurs est égal au total des soldes créditeurs : on vérifie que l'on n'a pas oublié certains actifs, certaines dettes ou certains éléments de la situation nette de l'entreprise.

B - Application

Dans le cas de l'entreprise Alpha, au 1/07/N, la société détient toujours son matériel de transport et son matériel informatique, elle a toujours des dettes envers ses fournisseurs…

L'opération d'ouverture est la suivante :

		1/07/N		
2182		Matériel de transport	37 500	
2183		Matériel informatique	9 500	
411		Clients	16 250	
512		Banque	53 750	
	101	Capital social		50 000
	120	Résultat de l'exercice		13 000
	401	Fournisseurs		12 000
	404	Fournisseurs d'immobilisation		42 000
Total			117 000	117 000

Cette opération permet de repartir de la situation de l'entreprise à la fin du premier semestre de l'année N.

Ensuite, les opérations réalisées au cours de la seconde période seront enregistrées chronologiquement au journal.

À la fin de cette nouvelle période, l'entreprise effectuera à nouveau le grand livre, la balance et les opérations de clôture qui lui permettront de déterminer la nouvelle variation du patrimoine et la nouvelle situation nette.

Fiche 8

LE COMPTE DE RÉSULTAT

I - CARACTÉRISTIQUES

A - DÉFINITION

Le compte de résultat est un document de synthèse qui permet de faire une analyse par nature des charges et des produits de l'entreprise pendant une période donnée.

Dès lors, le compte de résultat permet de mesurer la variation du patrimoine de l'entreprise pendant un laps de temps déterminé et de comprendre quels sont les éléments qui ont influencé cette variation.

B - PRÉSENTATION

Dans le système de base, le compte de résultat se présente de la façon suivante :

CHARGES	PRODUITS
Charges d'exploitation	Produits d'exploitation
Charges financières	Produits financiers
Charges exceptionnelles	Produits exceptionnels
Participation des salariés	
Impôt sur les sociétés	
Total des charges	Total des produits
Bénéfice de l'exercice	Perte de l'exercice
Total général	**Total général**

L'entreprise réalise un bénéfice pendant l'exercice si :

total charges < total produits.

L'entreprise réalise une perte pendant l'exercice si :

total charges > total produits.

Dès à présent, on constate que le résultat de l'exercice comporte trois éléments principaux :

- **le résultat d'exploitation**, qui est la différence entre les produits et les charges d'exploitation ; il provient des opérations courantes et habituelles de l'entreprise (achats de matières premières, consommation d'énergie, paiement des salariés, ventes...) ;
- **le résultat financier**, qui est la différence entre les produits financiers et les charges financières ; il provient de l'activité financière de l'entreprise (paiement des intérêts relatifs aux dettes contractées, perception d'intérêts liés à divers placements...) ;
- **le résultat exceptionnel**, qui est la différence entre les produits exceptionnels et les charges exceptionnelles.

Le résultat global est formé en grande partie du résultat d'exploitation. Le bénéfice net est la différence entre le résultat global et la charge représentée par la participation des salariés et l'impôt sur les sociétés.

II - APPLICATION

A - ÉNONCÉ

Considérons à nouveau l'entreprise Alpha pour laquelle on dispose du journal, du grand livre et de la balance correspondant au premier semestre de l'année N.

À partir des documents de fin de période, il est possible d'élaborer le compte de résultat de l'entreprise Alpha du premier semestre N.

B - CORRIGÉ

Dans le cas présent, les charges correspondent aux achats de marchandises. Le résultat de l'exercice est la différence entre les soldes de ces deux comptes.

CHARGES		PRODUITS	
Charges d'exploitation :		**Produits d'exploitation :**	
– achats de marchandises	19 500	– ventes de marchandises	32 500
Bénéfice de l'exercice	13 000	Perte de l'exercice	
Total général	**32 500**	**Total général**	**32 500**

L'activité de l'entreprise Alpha pendant le premier semestre N permet de dégager un résultat positif qui reflète l'augmentation de la richesse de l'entreprise sur la période considérée. L'impôt sur les sociétés est volontairement négligé. Bien sûr, on retrouve le même résultat que celui qui apparaît au journal lors de la fermeture des comptes de gestion.

Fiche 9

LE BILAN

I - CARACTÉRISTIQUES

A - DÉFINITION

Le bilan est généralement défini comme une photographie de la situation de l'entreprise à un instant donné :

- il apparaît comme la résultante de toutes les décisions et de tous les événements qui ont eu un impact financier sur l'entreprise ;
- le bilan permet de déterminer la situation nette de l'entreprise qui est la différence entre ses droits et ses obligations ; les droits sont représentés par les actifs et les obligations par l'ensemble des dettes.

B - PRÉSENTATION

Le bilan peut être représenté schématiquement de la façon suivante :

ACTIF (emplois)	PASSIF (ressources)
Actif immobilisé	**Capitaux propres**
– immobilisations incorporelles – immobilisations corporelles – immobilisations financières	– capital – réserves – résultat de l'exercice
Actif circulant	**Provisions**
– stocks et en-cours – créances d'exploitation – créances diverses – valeurs mobilières de placement – disponibilités	– provisions pour risques – provisions pour charges **Dettes** – dettes financières – dettes d'exploitation – dettes diverses
Comptes de régularisation	**Comptes de régularisation**
TOTAL ACTIF	**TOTAL PASSIF**

- L'actif immobilisé représente tout ce qui est nécessaire à l'exploitation mais n'est pas détruit par celle-ci ;
- l'actif circulant est composé d'actifs temporaires créés par l'exploitation ;
- les capitaux propres et les dettes financières sont des fonds investis ou générés par l'entreprise ;
- les autres dettes représentent de l'argent qui n'est pas encore sorti de l'entreprise.
- La rubrique « comptes de régularisation » est supprimée dans le nouveau PCG sans que rien n'ait changé au niveau des lignes.

II - APPLICATION

A - ÉNONCÉ

Considérons à nouveau l'entreprise Alpha pour laquelle on dispose du journal, du grand livre, de la balance et du compte de résultat correspondant au premier semestre de l'année N.

À partir du grand livre et du compte de résultat, il est possible d'élaborer le bilan de l'entreprise Alpha du premier semestre N. L'élaboration du compte de résultat avant le bilan est indispensable. En effet, le compte de résultat fait apparaître la variation du patrimoine d'une période sur l'autre, c'est-à-dire la variation de la situation nette.

B - CORRIGÉ

Le solde des comptes de situation apparaît dans la balance effectuée à la fin du premier semestre de l'année N.

ACTIF		PASSIF	
Actif immobilisé		**Capitaux propres**	
– immobilisations corporelles :		– capital social	50 000
matériel de transport	37 500		
matériel informatique	9 500	– résultat de l'exercice	13 000
Actif circulant		**Dettes**	
– créances clients	16 250	– dettes fournisseurs d'exploitation	12 000
– disponibilités	53 750	– dettes fournisseurs d'immobilisation	42 000
TOTAL ACTIF	**117 000**	**TOTAL PASSIF**	**117 000**

On vérifie que le total de l'actif est égal au total du passif.

Fiche 10

L'ANNEXE

I - OBJECTIF

A - Principes généraux

Les comptes annuels que doivent présenter les entreprises contiennent : le compte de résultat, le bilan, l'annexe. Afin de compléter l'information donnée par le bilan et le compte de résultat, l'annexe comporte toute information significative permettant de donner une image fidèle de la situation de l'entreprise.

Le caractère obligatoire de l'annexe est :

- précisé dans le PCG : « Les documents de synthèse comprennent nécessairement : le bilan, le compte de résultat et l'annexe qui forment un tout » ;
- contenu dans l'article 8 du Code de commerce.

L'objectif de l'annexe est :

- précisé par le PCG ;
- contenu dans l'article 9 du Code de commerce.

B - Principes d'élaboration de l'annexe

L'annexe est un document extra-comptable qui doit être élaboré dans le respect de certains principes :

■ Homogénéité des méthodes : l'annexe ne doit pas être en contradiction avec le bilan et le compte de résultat :

- explication des méthodes utilisées dans le bilan et le compte de résultat ;
- justification des informations.

■ Permanence des méthodes : les informations contenues dans l'annexe doivent être comparables d'une période à l'autre ou d'une entreprise à l'autre.

II - CONTENU DE L'ANNEXE

A - INFORMATIONS SUR LES RÈGLES ET LES MÉTHODES

L'objet de ces informations est de préciser, de justifier et d'indiquer l'incidence :

- des dérogations à l'application d'une prescription comptable ;
- du choix d'une méthode plutôt qu'une autre ;
- d'un changement de méthode.

B - COMPLÉMENTS D'INFORMATIONS

L'annexe fournit des compléments d'informations sur le bilan et le compte de résultat. Ces informations sont nécessaires à l'obtention d'une image fidèle et à l'analyse financière.

On trouve notamment :

- l'état de l'actif immobilisé ;
- l'état des amortissements et des dépréciations ;
- l'état des provisions ;
- l'état des échéances des créances et des dettes.

PARTIE II

LES OPÉRATIONS COURANTES

Fiche 11

LES ACHATS ET LES VENTES

I - LES FACTURES

A - Définition

Les achats peuvent être des achats de marchandises (607), de matières premières (601) ou consommables (602), d'emballages (602), ou des achats non stockés (606). De même, les ventes peuvent être de différentes sortes. Pour chacune de ces opérations, une facture doit être établie.

1. La facture simple : facture de doit

Il s'agit d'un document écrit qui constitue la preuve de l'opération d'achat ou de vente. Etablie par le commerçant prestataire de biens ou de services, elle permet de répertorier les conditions selon lesquelles la vente a été réalisée.

2. La facture d'avoir

Le client peut remettre en cause le contrat de vente pour diverses raisons. Les deux principales causes sont le retour des biens jugés non conformes et la demande d'une réduction à caractère commercial. Dans ce cas, le vendeur doit établir une facture d'avoir selon laquelle il s'engage à rembourser une certaine somme à son client.

B - Éléments constitutifs

1. L'en-tête

Cette première partie comprend :

– la désignation du fournisseur ;
– la désignation du client ;
– la référence de la facture ;
– les conditions de paiement.

2. Le corps de la facture

Cette seconde partie peut contenir les éléments suivants :

– la désignation des biens et services vendus ;
– la taxe sur la valeur ajoutée (TVA) ;
– les diverses réductions ;
– les emballages.

II - LA COMPTABILISATION

A - La facture de doit

L'entreprise Alpha vend 50 cafetières pour un montant de 2 500 € à l'entreprise Bêta. La facture est établie le 15/01/N. Le client bénéficie d'un crédit à 30 jours.

La facture se présente de la façon suivante :

Société Alpha			
Facture n°10			Le 15/01/N
Doit : société Bêta			Paiement à 30 jours
50	Cafetières	50 €	2 500, 00 €
À payer			2 500,00 €

Dans la comptabilité de l'entreprise Alpha, l'enregistrement au journal est le suivant :

		15/01/N		
411		Clients	2 500	
	707	Vente de marchandises		2 500

B - La facture d'avoir

À la réception des marchandises, l'entreprise Bêta constate que deux cafetières sont endommagées. Elle décide de les retourner au fournisseur qui les reçoit le 18/01/N et établit une facture d'avoir. La facture se présente comme suit :

Société Alpha		
Facture d'avoir n°2/A		
A : société Bêta		Le 18/01/N
2 Cafetières endommagées	50 €	100,00 €
Réduction dette client		100,00 €

Pour le fournisseur, cette facture d'avoir correspond à une diminution de la créance client :

		18/01/N		
707		Vente de marchandises	100	
	411	Clients		100

III - LE RÈGLEMENT DES CRÉANCES ET DES DETTES

A - LE RÈGLEMENT PAR BANQUE ET PAR CAISSE

Un client peut régler la dette qu'il a envers un fournisseur par espèces, par chèque bancaire ou postal, ou par virement bancaire ou postal.

Les comptes de trésorerie sont les comptes de la classe 5 :

- compte 51 : banques et établissements financiers et assimilés :
  - compte 512 : banques ;
  - comptes 514 : chèques postaux ;
- compte 53 : caisse (règlements en espèces).

Le fonctionnement des comptes de trésorerie est particulier :

- lors des entrées de fonds, ces comptes sont débités ;
- lors des sorties de fonds, ces comptes sont crédités.

Si l'on prend l'exemple du compte banque, ceci s'explique par le fait que l'on considère le compte tenu par l'entreprise et non pas le compte de l'entreprise tenu par la banque. Ainsi, un solde débiteur du compte 512 signifie que l'entreprise a de l'argent sur son compte à la banque (son relevé de compte envoyé par la banque fait apparaître un solde créditeur).

B - LES EFFETS DE COMMERCE

Ce mode de paiement est analysé dans les fiches n°s 22-23-24.

C - APPLICATION

1. Règlement d'une créance

Reprenons l'exemple précédent. Le 18/01/N, le client Bêta doit à l'entreprise Alpha 2 400 €. Cette somme correspond au solde débiteur du compte client.

Le 15/02/N, le client Bêta règle sa facture par chèque bancaire. L'enregistrement comptable chez Alpha est le suivant :

		15/02/N		
512		Banque	2 400	
	411	Clients		2 400

Par cette opération, le compte client est soldé. L'entreprise Alpha perçoit un chèque de 2 400 €. Cette entrée d'argent est enregistrée au débit du compte 512.

2. Règlement d'une dette

Reprenons l'exemple précédent, mais en considérant la comptabilité du client Bêta.

Le 15/01/N et le 18/01/N, le client Bêta avait passé les écritures suivantes dans sa comptabilité :

		15/02/N		
607		Achats de marchandises	2 500	
	401	Fournisseurs		2 500
		18/01/N		
401		Fournisseurs	100	
	607	Achats de marchandises		100

À la date de règlement, le 15/02/N, le compte fournisseur est créditeur de 2 400 €.

Chez Bêta, le règlement de la dette fournisseur s'enregistre comme suit :

		15/02/N		
401		Fournisseurs	2 400	
	512	Banque		2 400

Le compte fournisseur est soldé. La sortie d'argent est enregistrée au crédit du compte banque.

Fiche 12

L'ENREGISTREMENT DE LA TVA

I - LA TAXE SUR LA VALEUR AJOUTÉE

A - ÉLÉMENTS JURIDIQUES

1. Définition

La taxe sur la valeur ajoutée a été généralisée à partir du 1er janvier 1968. Il s'agit d'un impôt indirect payé par le consommateur final. La TVA est fixée par un taux ayant pour assiette le chiffre d'affaires. Aujourd'hui, les deux taux les plus usuels sont le taux réduit (5,50 %) et le taux normal qui est à 19,60 % depuis le 1er avril 2000. L'entreprise apparaît comme un collecteur d'impôt agissant pour l'État :

- l'entreprise paie la TVA à ses fournisseurs ;
- l'entreprise fait payer la TVA à sa clientèle ;
- l'entreprise reverse à l'État la différence entre la TVA collectée sur ses ventes et la TVA payée sur ses achats.

L'exigibilité et la déductibilité sont traitées fiche 13.

2. La TVA à décaisser

Le calcul de la TVA due par l'entreprise à l'État peut se faire différement selon la taille de l'entreprise. Pour les entreprises ayant un chiffre d'affaires élevé, le régime d'imposition est celui dit du « réel normal ». Dans ce cas, le paiement de la TVA se fait sur une base mensuelle selon le principe suivant :

TVA due au titre du mois n	=	TVA collectée sur les ventes de n	−	[	TVA déductible sur les achats de B&S de n	+	TVA déductible sur les achats d'investissements de n	]

B - COMPTABILISATION

1. La facture simple

- La TVA collectée sur les ventes de biens et services s'enregistre au crédit du compte 4457.
- La TVA déductible sur les achats de biens et services s'enregistre au débit du compte 4456.

2. La facture d'avoir

La facture d'avoir se traduit par la diminution de la créance client chez le fournisseur et la diminution de la dette fournisseur chez le client :

- chez le fournisseur, la TVA préalablement collectée doit être diminuée par le débit du compte 4457 ;
- chez le client, la TVA préalablement déduite doit être diminuée par le crédit du compte 4456.

3. La TVA à décaisser

La TVA à décaisser, qui est la différence entre les deux précédentes, s'enregistre dans le compte 4455 :

- elle est obtenue en soldant les comptes 4456 et 4457 ;
- si son solde est créditeur, l'entreprise doit de l'argent à l'État ;
- si son solde est débiteur, l'entreprise bénéficie d'un crédit de TVA qui sera reporté sur le mois suivant.

II - APPLICATION

A - ÉNONCÉ

L'entreprise Alpha a réalisé les opérations suivantes durant le mois de juin de l'année N (on suppose que toutes les opérations sont réalisées à crédit) :

- le 1/06, achat de 10 calculatrices pour 100 € HT (TVA : 19,60 %), chacune ;
- le 3/06, une calculatrice défectueuse a été retournée au fournisseur qui a établi immédiatement une facture d'avoir ;
- le 7/06, ventes de produits finis A pour 2 400 € HT (TVA : 19,60 %) ;
- le 12/06, achat d'un ordinateur d'une valeur HT de 4 000 € (TVA : 19,60 %) ;
- le 20/06, vente de produits finis B pour 3 000 € HT (TVA : 19,60 %) ;
- le 23/06, établissement d'une facture d'avoir liée à un retour de produits finis B pour une valeur HT de 200 €.

Travail à faire :

- passer les écritures au journal ;
- faire la déclaration de TVA à payer au journal ;
- passer l'écriture relative au paiement de la TVA du mois de juin le 20 juillet N.

B - Corrigé

1. Le journal

			Débit	Crédit
		1/06/N		
602		Achats stockés	1 000	
4456		TVA déductible	196	
	401	Fournisseurs		1 196
		3/06/N		
401		Fournisseurs	119,60	
	602	Achats stockés		100
	4456	TVA déductible		19,60
		7/06/N		
411		Clients	2 870,4	
	707	Ventes de produits finis		2 400
	4457	TVA collectée		470,40
		12/06/N		
2183		Matériel informatique	4 000	
44562		TVA déductible sur achats d'immobilisation	784	
	404	Fournisseurs d'immobilisation		4 784
		20/06/N		
411		Clients	3 588	
	707	Ventes de produits finis		3 000
	4457	TVA collectée		588
		23/06/N		
707		Ventes de produits finis	200	
4457		TVA collectée	39,2	
	411	Clients		239,2

À la lecture de ces écritures, on constate que les achats et les ventes sont comptabilisés HT dans les comptes de charges et de produits concernés.

2. La déclaration de TVA

Au titre du mois de juin, l'entreprise doit reverser à l'État la différence entre la TVA collectée et la TVA déduite pendant ce mois.

Les soldes des comptes 4456 et 4457 sont :

4456 TVA déductible		4457 TVA collectée	
(1) 196	19,6 (2)	(6) 39,2	470,4 (3)
(2) 784	SD = 960,4	SC = 1 019,2	588 (5)
980	980	1 058,4	1 058,4

La TVA à décaisser au titre du mois de juin est :

1 019,2 – 960,4 = 58,8.

L'enregistrement de déclaration de TVA le 30 juin est :

		30/06/N		
4457		TVA collectée	1 019,2	
	4456	TVA déductible		960,4
	4455	TVA à décaisser		58,8

Le compte 4457 qui avait un solde créditeur de 1 019,2 € se trouve soldé puisqu'il est débité de ce même montant. De la même façon, le compte 4456 qui présentait un solde débiteur de 960,4 € est soldé. Au 30 juin, l'entreprise doit 58,8 € à l'État.

3. Paiement de la TVA

Le 20 juillet N, l'entreprise règle sa dette envers l'État :

		20/07/N		
4455		TVA à décaisser	58,8	
	512	Banque		58,8

Lors de ce règlement, le compte 4455 est soldé : l'argent sort de l'entreprise.

Fiche 13

EXIGIBILITÉ ET DÉDUCTIBILITÉ DE LA TVA

I - LE FAIT GÉNÉRATEUR ET L'EXIGIBILITÉ

A - DÉFINITIONS

1. Fait générateur

Le fait générateur est :

- le fait qui donne naissance à la taxe ;
- qui représente les conditions nécessaires pour que la taxe soit exigible.

2. Exigibilité

L'exigibilité est « le droit que le Trésor public peut faire valoir, à partir d'un moment donné, auprès du redevable pour obtenir le paiement de la taxe ».

3. Distinction entre fait générateur et exigibilité

Dans certaines situations, le fait générateur et l'exigibilité coïncident. C'est le cas pour les livraisons de biens.

Pour les prestations de services et les travaux immobiliers, il y a dissociation.

B - LES TROIS MODALITÉS D'EXIGIBILITÉ DE LA TVA

1. La TVA exigible lors de la livraison des biens

Sont concernés tous les biens meubles corporels ou immeubles, qu'il s'agisse d'approvisionnements, de produits, de marchandises ou d'immobilisations.

Le fait générateur et l'exigibilité coïncident à la date de livraison (de facturation) du bien.

Par conséquent, la TVA n'a pas à être prise en compte lors de l'encaissement d'un acompte ou du paiement d'un solde.

2. La TVA exigible sur les encaissements

Cette modalité concerne les prestations de services et les travaux immobiliers.

Le fait générateur est constitué par l'exécution des services ou des travaux.

En revanche, l'exigibilité de la taxe intervient lors de l'encaissement des acomptes et du solde et non à la facturation.

3. TVA exigible sur les débits

Cette modalité concerne les entreprises assujetties à la TVA sur les encaissements. Il s'agit d'une option que peuvent choisir ces entreprises. Elle permet de rendre la TVA exigible sur le solde lors de la facturation et non à l'encaissement.

II - LA DÉDUCTIBILITÉ DE LA TVA

A - LE DROIT À DÉDUCTION

La règle est que la TVA n'est déductible chez le client qu'à partir du moment où elle est exigible chez le fournisseur.

Le droit à déduction nécessite que la taxe figure sur un document justificatif (ex. : facture) et qu'elle concerne des biens et services appartenant à l'entreprise et relevant de son exploitation.

B - LES EXCLUSIONS DU DROIT À DÉDUCTION

Certaines dépenses n'ouvrent pas droit à déduction. Il en est ainsi :

– des biens somptuaires ;

– des véhicules particuliers ;

– des cadeaux et libéralités.

Fiche 14

LES CHARGES ET LES PRODUITS

I - LES CHARGES

Les charges sont des emplois définitifs enregistrés au débit des comptes de la classe 6. Elles sont de différentes natures.

A - LES CHARGES D'EXPLOITATION

Les charges d'exploitation correspondent à toutes les dépenses que l'entreprise doit effectuer pour assurer son activité normale et habituelle.

Les charges de gestion courante sont enregistrées dans les comptes 60 à 65 :

1. Les achats (60)

On distingue plusieurs catégories d'achats :

– 601/602 : achats de biens ;
– 604/605 : achats de sous-traitance ;
– 606 : achats non stockés ;
– 607 : achats de marchandises ;
– 609 : RRR obtenus sur achats (il s'agit d'un compte de charge à solde créditeur : ces réductions sont déduites des achats concernés).

2. Les autres charges externes (61/62)

- on y trouve toutes les charges externes correspondant à des prestations de services (frais d'assurance, frais de téléphone, frais postaux, services bancaires…) ;
- de la même façon que le compte 609, les comptes 619 et 629 viennent en déduction des comptes de charges concernés.

3. Les impôts, taxes et versements assimilés (63)

Il s'agit de l'ensemble des taxes et impôts que doit payer l'entreprise, à l'exception de l'impôt sur les bénéfices ;

4. Les charges de personnel

Charges relatives à la rémunération du personnel (*cf.* fiches n°s 25-26-27) ;

5. Les autres charges de gestion courante (65)

Charges se référant à l'activité normale mais non principale de l'entreprise.

B - Les charges financières

Les charges financières sont enregistrées dans les comptes 66. Elles sont de différentes natures :

1. Les charges d'intérêts (661)

Ces charges correspondent à la rémunération des emprunts, des dettes financières, des découverts bancaires, des dettes commerciales... (il ne faut pas confondre les charges d'intérêts relatives aux emprunts et les commissions bancaires) ;

2. Les escomptes accordés (665)

L'escompte financier est une charge qui rémunère les clients qui règlent leur facture avant la date d'échéance (*cf.* fiche n° 16) ;

3. Les pertes de change (666)

Charges liées à l'évolution défavorable du cours d'une devise pour les créances et les dettes en monnaies étrangères (*cf.* fiches n°s 55-56) ;

4. Les charges nettes sur cessions de valeurs mobilières de placement (667).

C - Les charges exceptionnelles

Alors que les charges d'exploitation et les charges financières se réfèrent à l'activité courante de l'entreprise, les charges exceptionnelles sont des charges subies sur une période donnée, mais dont la nature est telle qu'il n'y a aucune raison qu'elles se reproduisent au cours des périodes suivantes. Ces charges sont enregistrées au débit des comptes 67 :

- les charges exceptionnelles sur opérations de gestion (671) : il s'agit de diverses pénalités et amendes, de pertes liées à des créances irrécouvrables, de dons...
- les valeurs comptables des éléments d'actif cédés (675) (*cf.* fiches n°s 42-43).

D - Les autres charges

Après avoir déterminé le résultat brut, qui est la différence entre les charges et les produits, deux prélèvements doivent être effectués sur celui-ci :

- la participation des salariés aux fruits de l'expansion (691) : c'est une obligation pour les entreprises de plus de 50 salariés ;
- l'impôt sur les bénéfices (695) : le calcul de cet impôt est présenté dans la fiche n°58.

II - LES PRODUITS

Les produits sont des ressources définitives enregistrées au crédit des comptes de la classe 7. De la même façon que les charges, on trouve différents types de produits.

A - Les produits d'exploitation

Les produits d'exploitation correspondent à l'activité normale et habituelle de l'entreprise. Il sont enregistrés dans les comptes 70 à 75 :

- les ventes (70) : on distingue plusieurs catégories de ventes :
  - 701 : ventes de produits finis ;
  - 703 : ventes de produits résiduels ;
  - 706 : travaux et prestations de services ;
  - 707 : ventes de marchandises ;
  - 708 : produits des activités annexes ;
  - 709 : RRR accordés par l'entreprise (il s'agit d'un compte de produit à solde débiteur : ces réductions sont déduites des ventes concernées) ;
- les subventions d'exploitation (74) : ce sont des fonds accordés par l'État ou par les collectivités publiques en vue de compenser l'insuffisance des autres produits ;
- les autres produits de gestion courante (75) : produits se référant à l'activité normale mais non principale de l'entreprise.

B - Les produits financiers

Les produits financiers de diverses natures sont enregistrés au crédit du compte 76. On retrouve la même classification que pour les charges financières :

- revenus des titres ou créances (761 à 764) ;
- escomptes obtenus (765) ;
- gains de change (766).

C - Les produits exceptionnels

De la même façon que les charges exceptionnelles, cette catégorie de produits correspond à des ressources obtenues sur une période donnée mais qui n'ont aucune raison d'être obtenues de façon normale et habituelle :

- les produits exceptionnels sur opérations de gestion (771) ;
- les produits des cessions d'éléments d'actifs (775) (*cf.* fiche n°s 42-43).

III - LA COMPTABILISATION

A - Principe

Les charges et les produits peuvent être payés au comptant ou à crédit. De même, il peuvent comporter de la TVA. Quel que soit le mode de paiement, les charges et les produits doivent être comptabilisés en contrepartie d'un compte de tiers ou d'un compte de trésorerie. De plus, les charges et les produits comportant de la TVA sont toujours enregistrés HT.

B - Exemples

1. Énoncé

L'entreprise Alpha achète le 13/04/N des matières premières à crédit pour un montant de 1 000 € HT. Le 14/04/N, elle vend au comptant 2 500 € HT de produits finis. La TVA est à 19,60 %.

2. Enregistrement comptable

		13/04/N		
601		Achats de matières premières	1 000	
4456		TVA déductible	196	
	401	Fournisseurs		1 196
		14/04/N		
512		Banque	2 990	
	701	Ventes de produits finis		2 500
	4457	TVA collectée		490

Fiche 15

LES RÉDUCTIONS À CARACTÈRE COMMERCIAL

I - ENREGISTREMENT ET NATURE DES RÉDUCTIONS

A - Définitions

1. Le rabais

Il s'agit d'une réduction pratiquée sur le prix de vente pour tenir compte d'un défaut de qualité, de la non-conformité des biens livrés, d'un retard de la livraison.

2. La remise

Elle est accordée pour tenir compte de l'importance de la commande, ou de la qualité du client.

3. La ristourne

Elle est accordée sur un ensemble d'opérations avec un même client sur une période donnée.

B - Comptabilisation

1. La facture de doit

Lorsque les réductions à caractère commercial figurent sur la facture normale, elles ne font l'objet d'aucun enregistrement particulier :

- le montant HT figurant sur la facture correspond à la différence entre le montant de l'achat et la réduction accordée ;
- la TVA est calculée sur ce net commercial HT.

2. La facture d'avoir

Si la réduction intervient après la facturation, elle doit faire l'objet d'une facture d'avoir qui donne lieu à un enregistrement particulier :

- si l'entreprise accorde une réduction :
  - celle-ci est enregistrée pour son montant HT au débit du compte 709, RRR accordés par l'entreprise ;
  - elle entraîne une diminution de la TVA collectée lors de la vente ;
  - elle s'accompagne d'une diminution de la créance client pour le montant TTC ;

- si l'entreprise bénéficie d'une réduction :
  - cette dernière est enregistrée pour son montant HT au crédit du compte 609, RRR obtenus sur achats ;
  - elle entraîne une diminution de la TVA déduite lors de l'achat ;
  - elle s'accompagne d'une diminution de la dette fournisseur du montant TTC ;
- le solde du compte 709 est débiteur et vient en déduction des ventes ;
- le solde du compte 609 est créditeur et vient en déduction des achats.

II - APPLICATIONS

A - LA FACTURE DE DOIT

1. Énoncé

L'entreprise Lambda vend 10 chaises de bureau pour un montant de 2000€ à l'entreprise Bêta. La facture est établie le 15/02/N. Le client bénéficie d'un crédit à 30 jours. Une remise de 2 % est accordée au client. La TVA est à 19,60 %.

2. Présentation de la facture de doit

La facture se présente de la façon suivante :

Société Lambda Facture n° 36 Doit : Société Beta		Le 15/02/N Paiement à 30 jours	
10	Chaises de bureau	200 €	2 000,00 €
		Remise 2 %	40,00 €
		Net commercial H.T.	1 960,00 €
		TVA 19,60 %	384,16 €
		Net à payer TTC	2 344,16 €

3. Comptabilisation chez le fournisseur

Dans la comptabilité de l'entreprise Lambda, l'enregistrement au journal est le suivant :

			Débit	Crédit
		15/02/N		
411		Clients	2 344,16	
	707	Vente de marchandises		1 960
	4457	TVA collectée		384,16

4. Comptabilisation chez le client

Dans la comptabilité de l'entreprise Bêta, l'enregistrement du journal est :

		15/02/N		
607		Achats de marchandises	1 960	
4456		TVA déductible	384,16	
	401	Fournisseurs		2 344,16

B - La facture d'avoir

1. Énoncé

L'entreprise Lambda décide d'accorder une ristourne à son client Bêta sur le chiffre d'affaires du premier trimestre de l'année N. Le chiffre d'affaires de cette période réalisé avec ce client est de 20000 € et la ristourne octroyée est de 2 %. La TVA qui avait été appliquée sur les ventes était de 19,60 %.

La facture d'avoir est établie le 5/03/N.

2. Présentation de la facture d'avoir

Société Lambda Facture d'avoir n°11/A A : société Bêta	Le 5/03/N
Ristourne sur chiffre d'affaires du premier trimestre 3 % soit 0,02 x 20 000	400,00 €
TVA 19,60 %	78,40 €
Total TTC	478,40 €

3. Comptabilisation chez le fournisseur

Cette réduction entraîne chez le fournisseur une diminution des produits précédemment réalisés, de la TVA collectée et s'accompagne d'une dette envers le client.

		5/04/N		
709		RRR accordés par l'entreprise	400	
4457		TVA collectée	78,40	
	411	Clients		478,40

4. Comptabilisation chez le client

À l'inverse, chez le client, cette facture entraîne une diminution des charges, de la TVA précédemment déduite et de la dette fournisseurs.

		5/04/N		
401		Fournisseurs	478,40	
	609	RRR obtenus sur achats		400
	4456	TVA déductible		78,40

Fiche 16

LES RÉDUCTIONS À CARACTÈRE FINANCIER

I - L'ENREGISTREMENT DE LA RÉDUCTION

A - Définition

- La réduction à caractère financier est dénommée escompte et elle est liée aux conditions de paiement du client ;
- cette réduction est toujours enregistrée, qu'il s'agisse d'une facture de doit ou d'une facture d'avoir ;
- l'escompte n'affecte pas les comptes d'achat et de vente puisqu'il a un caractère financier.

B - Comptabilisation

1. La facture de doit

- La TVA est calculée sur le net financier qui correspond à la différence entre le net commercial et l'escompte calculé sur ce montant ;
- dans la comptabilité du fournisseur, l'escompte est enregistré au débit du compte 665, escomptes accordés, et les ventes sont enregistrées en produits pour le montant du net commercial HT ;
- dans la comptabilité du client, l'escompte est enregistré au crédit du compte 775, escomptes obtenus, et les achats sont enregistrés en charges pour le montant du net commercial HT.

2. La facture d'avoir

- Le calcul de l'escompte après établissement de la facture normale entraîne une diminution du net financier à partir duquel est calculée la TVA ;
- le montant de la TVA se trouve diminué par rapport à ce qui avait été précédemment facturé ;
- chez le fournisseur, le montant de la créance client est diminué d'un montant égal à la somme de l'escompte accordé et de la diminution de la TVA collectée ;
- chez le client, la dette fournisseur est diminuée de ce même montant.

II - APPLICATIONS

A - La facture de doit

Le 5/03/N, l'entreprise Lambda accorde une remise de 2 % sur la vente de marchandises d'une valeur HT de 65 000 € (TVA à 19,60 %) à l'entreprise Gamma. De plus, le client acceptant d'effectuer un règlement sous huitaine, Lambda lui accorde également un escompte de 3 %.

1. Présentation de la facture

La facture se présente de la façon suivante :

Société Lambda		
Facture n°83		Le 5/03/N
Doit : société Gamma		Paiement sous 8 jours
	Marchandises	65 000,00 €
	Remise 2 %	1 300,00 €
	Net commercial	63 700,00 €
	Escompte 3 %	1 911,00 €
	Net financier	61 789,00 €
	TVA 19,60 %	12 110,64 €
	Net à payer TTC	73 899,64 €

2. Comptabilisation chez le fournisseur

Dans la comptabilité de l'entreprise Lambda :

		5/03/N		
411		Clients	73 899,64	
665		Escomptes accordés	1 911	
	707	Vente de marchandises		63 700
	4457	TVA collectée		12 110,64

On constate que le compte 707 est bien crédité du montant du net commercial HT.

Le produit réellement réalisé apparaît comme la différence entre le crédit du compte 707 et le débit du compte 665 : il correspond au net financier.

3. Comptabilisation chez le client

Chez le client, l'enregistrement au journal est le suivant :

		5/03/N		
607		Achats de marchandises	63 700	
4456		TVA déductible	12 110,64	
	401	Fournisseurs		73 899,64
	765	Escomptes obtenus		1 911

De la même façon, le montant de la charge enregistrée correspond au net commercial HT, l'escompte étant comptabilisé en produits financiers. La charge réelle apparaît comme la différence entre le compte 607 et le compte 765.

B - La facture d'avoir

Le 13/03/N, l'entreprise Lambda décide d'accorder un escompte à son client Bêta pour règlement anticipé. Le montant HT (TVA à 19,60 %) de la commande de marchandises était de 25 000 €. L'escompte est de 2 %.

1. Présentation de la facture d'avoir

La facture d'avoir se présente de la façon suivante :

Société Lambda	
Facture n°18/A	Le 13/03/N
A : société Bêta	
Escompte sur paiement anticipé	
2 % de 25 000 €	500,00 €
TVA 19,60 %	98,00 €
Total TTC	598,00 €

2. Comptabilisation chez le fournisseur

Cet escompte entraîne chez le fournisseur une réduction des produits précédemment réalisés, de la TVA collectée et s'accompagne d'une dette envers le client.

		13/03/N		
665		Escomptes accordés	500	
4457		TVA collectée	98	
	411	Clients		598

3. Comptabilisation chez le client

		5/04/N		
401		Fournisseurs	598	
	765	Escomptes obtenus		500
	4456	TVA déductible		98

À l'inverse, chez le client, cette facture entraîne un produit financier, une diminution de la TVA précédemment déduite et de la dette fournisseurs.

Fiche 17

LES FRAIS ACCESSOIRES D'ACHAT : PRÉSENTATION

I - L'ENREGISTREMENT EN COMPTABILITÉ

A - Définition

Les frais accessoires d'achat externes sont un élément constitutif du coût d'achat des biens acquis. En effet :

coût d'achat = prix d'achat + frais accessoires d'achat externes

En ce qui concerne les marchandises, la détermination du coût d'achat des marchandises vendues nécessite de prendre en compte la variation du stock d'un exercice comptable à l'autre (*cf.* fiche n° 32). On a :

coût d'achat des marchandises vendues	= coût d'achat ± variation des stocks

B - Nature des frais accessoires d'achat

Il peut s'agir de charges à payer à des tiers ou de coûts directement supportés par l'entreprise.

Les charges externes peuvent être :

- des frais de transport assurés par des tiers ;
- des primes d'assurances ;
- des commissions diverses (ex. : frais de douane).

Les coûts internes peuvent être :

- des frais liés au transport effectué par l'entreprise ;
- des coûts occasionnés par les opérations réalisées par du personnel de l'entreprise lors de la livraison (déchargement, nettoyage...).

C - Comptabilisation des charges externes

Le PCG permet de comptabiliser ces charges de trois façons. Dans chaque cas, l'information relative aux éléments constituant le coût d'achat est plus ou moins facilement identifiable.

1. L'enregistrement dans le compte d'achat concerné

- Toutes les charges représentant les frais accessoires d'achat sont additionnées pour leur montant HT à la valeur HT des achats ;
- cet enregistrement permet d'identifier clairement le coût d'achat qui figure dans le compte d'achat concerné ;
- on ne dispose plus de l'information relative à la composition par nature du coût d'achat.

2. L'enregistrement dans les comptes 61 et 62

- Le compte d'achat concerné est débité de la valeur HT des achats ;
- les frais accessoires d'achat sont ventilés par nature dans les comptes de charges externes correspondants ;
- cet enregistrement ne permet pas d'identifier le coût d'achat puisque les informations sont dispersées.

3. L'enregistrement dans le compte 608

Ce compte peut être utilisé par les entreprises (système développé) afin de regrouper leurs frais accessoires d'achat tout en les ventilant et en les reportant à l'opération d'achat considérée :

- Le compte 608 peut être doublement ventilé :
  - 608 : frais accessoires d'achat ;
  - 6081 : frais accessoires sur achats de matières premières ;
  - 6087 : frais accessoires sur achats de marchandises ;
  - 608116 : frais d'assurance sur achats de matières premières.
- Cette double ventilation permet d'identifier le coût d'achat et de connaître sa composition.

D - Comptabilisation des coûts directement supportés par l'entreprise

Contrairement aux enregistrements précédents, les frais occasionnés par l'entretien du matériel de transport servant à la livraison des achats effectués par l'entreprise, ou les coûts salariaux propres à cette activité, sont répartis par nature. Dans ce cas, il n'est pas possible de déterminer le coût d'achat d'une opération, ni de connaître ses composantes.

II - APPLICATIONS

A - Les charges externes

Le 20/03/N, l'entreprise Gamma achète pour 5 000 € HT de matières premières. Sur la facture, il apparaît que l'entreprise doit supporter les frais de transport pour un montant HT de 200 € et une prime d'assurance de 50 € afin de se garantir contre les risques pendant le transport. La TVA est à 19,60 % et la prime d'assurance n'est pas soumise à TVA.

1. L'enregistrement en 601

Le montant HT à payer par Gamma est :

– achats de matières premières :	5 000 €
– transport :	200 €
– assurance :	50 €
	–––––
	5 250 €

Le montant de la TVA est de :

5 200 x 0,196 = 1 019,20 €.

L'enregistrement comptable est donc :

		20/03/N		
601		Achats de matières premières	5 250	
4456		TVA déductible	1 019,20	
	401	Fournisseurs		6 269,20

Le coût d'achat global est bien de 5 250 €, mais cet enregistrement ne permet pas d'identifier ses composantes.

2. L'enregistrement en 61-62

Dans cette seconde solution, les éléments formant le coût d'achat sont enregistrés par nature :

		20/03/N		
601		Achats de matières premières	5 000	
616		Prime d'assurance	50	
624		Frais de transport	200	
4456		TVA déductible	1 019,20	
	401	Fournisseurs		6 269,20

3. L'enregistrement en 608

Cette solution apparaît comme une combinaison des deux précédentes :

		20/03/N		
601		Achats de matières premières	5 000	
608116		Prime d'assurance sur achats de matières premières	50	
608124		Frais de transport sur achats de matières premières	200	
4456		TVA déductible	1 019,20	
	401	Fournisseurs		6 269,20

B - Les coûts internes

Le 23/03/N, l'entreprise Lambda reçoit une facture de 2 000 € HT concernant des réparations effectuées sur un des camions servant aux transports de marchandises achetées par l'entreprise. La TVA est à 19,60 %.

		20/03/N		
615		Entretien et réparations	2 000	
4456		TVA déductible	392	
	401	Fournisseurs		2 392

La comptabilité générale ne met pas en évidence les frais accessoires d'achat composant le coût d'achat lorsque ceux-ci sont directement supportés par l'entreprise.

Fiche 18

LES FRAIS DE TRANSPORT

I - LES CONDITIONS DE VENTE

A - LA VENTE FRANCO DE PORT

1. Définition

La vente de marchandises ou de produits finis est dite franco de port lorsque les frais de transport sont à la charge du fournisseur. Dans cette situation, ces frais ne figurent pas sur la facture.

En revanche, le fournisseur enregistre une charge correspondant aux frais entraînés par le transport. S'il fait appel à un transporteur externe, cette charge correspondra au montant de la facture qu'il recevra. S'il assure lui-même le transport, la charge correspondant à une livraison précise n'apparaît pas : elle sera incluse dans les charges relatives à l'utilisation du camion de livraison.

2. Comptabilisation

La comptabilisation est exactement la même que celle d'une facture simple :

- chez le client, le compte d'achat est débité du montant HT, le compte 4456 est débité du montant de la TVA et le compte fournisseur est crédité du montant TTC ;
- chez le fournisseur, le compte de produit est crédité du montant HT de la vente, le compte 4457 est crédité du montant de la TVA et le compte client est débité de la valeur TTC.

B - LA VENTE CONDITIONS « DÉPART »

Trois situations peuvent se présenter.

1. Le client se charge du transport

Dans ce cas, il n'y a pas de facture et l'enregistrement comptable est identique à celui de la vente franco de port.

De la même façon, la charge correspondant au transport apparaîtra indépendamment dans la comptabilité du client.

2. Le port « forfait »

Dans cette situation, le fournisseur se charge du transport des biens moyennant le paiement d'un prix forfaitaire par le client. Ce coût est facturé au client :

- si le transfert de propriété se fait chez le fournisseur, le taux de TVA à appliquer est le taux normal ;
- si le transfert de propriété se fait chez le client, le taux de TVA à appliquer est celui des biens transportés.

La comptabilisation se fait de la façon suivante :

- chez le fournisseur, deux étapes apparaissent :
  - enregistrement de la charge relative aux frais de transport,
  - enregistrement du port facturé au client ;
- chez le client, le coût du transport fait partie des frais accessoires d'achat et peut être enregistré selon les trois méthodes étudiées dans la fiche précédente.

3. Le port « débours »

Dans ce cas, le fournisseur demande au client de le rembourser euro pour euro des frais de transport qu'il a supportés à la place du client. De la même façon, selon le lieu de transfert de propriété, le taux de TVA à appliquer varie. La comptabilisation chez le fournisseur et chez le client présente les mêmes caractéristiques que précédemment.

II - APPLICATIONS

A - La vente franco de port

Le 2/02/N, l'entreprise Thêta vend « franco de port » des marchandises à l'entreprise Alpha pour un montant HT de 8 000 €, TVA à 19,60 %.

1. Comptabilisation chez le fournisseur

		2/02/N		
411		Clients	9 568	
	707	Vente de marchandises		8 000
	4457	TVA collectée		1 568

2. Comptabilisation chez le client

		2/02/N		
607		Achats de marchandises	8 000	
4456		TVA déductible	1 568	
	401	Fournisseurs		9 568

B - Le port « forfait »

L'entreprise Thêta vend des marchandises pour une valeur de 19 500 € HT, TVA à 19,60 %, à l'entreprise Gamma. Thêta fait appel à un transporteur pour réaliser la livraison. Le fournisseur reçoit la facture du transporteur le 14/02/N et expédie le 17/02/N la facture à l'entreprise Gamma. Le coût effectif du transport est de 500 € HT, TVA à 19,60 %. Le fournisseur facture le port pour un montant forfaitaire de 450 €.

1. Comptabilisation chez le fournisseur

		14/02/N		
624		Frais de transport	500	
4456		TVA déductible	98	
	401	Fournisseur		598
		17/02/N		
411		Clients	23 860,20	
	707	Ventes de marchandises		19 500
	7085	Ports et frais accessoires payés		450
	4457	TVA collectée		3 910,20

Le produit réalisé sur le transport est analysé comme une vente mais il ne s'agit pas de l'activité principale de l'entreprise. C'est pourquoi il est enregistré dans un compte d'activité annexe.

2. Comptabilisation chez le client

Trois solutions sont possibles :

		17/02/N		
607		Achats de marchandises	19 950	
4456		TVA déductible	3 910,20	
	401	Fournisseurs		23 860,20

		17/02/N		
607		Achats de marchandises	19 500	
624		Frais de transport	450	
4456		TVA déductible	3 910,20	
	401	Fournisseurs		23 860,20

	17/02/N		
607	Achats de marchandises	19 500	
608724	Frais de transport sur achats de marchandises	450	
4456	TVA déductible	3 910,20	
401	Fournisseurs		23 860,20

C - Le port « débours »

Reprenons l'exemple précédent mais en supposant cette fois que le fournisseur facture le port pour son montant exact au client, soit 598 €.

1. Comptabilisation chez le fournisseur

	14/02/N		
624	Frais de transport	500	
4456	TVA déductible	98	
401	Fournisseur		598
	17/02/N		
411	Clients	23 920	
707	Ventes de marchandises		19 500
4457	TVA collectée		3 822
624	Frais de transport		500
4456	TVA déductible		98

L'opération liée au transport a un impact nul sur le compte de résultat du fournisseur.

2. Comptabilisation chez le client

On peut enregistrer l'opération de la façon suivante :

	17/02/N		
607	Achats de marchandises	19 500	
624	Frais de transport	500	
4456	TVA déductible	3 920	
401	Fournisseurs		23 920

On aurait pu adopter l'une des deux autres solutions.

Fiche 19

LES EMBALLAGES CONSIGNÉS

I - LE MÉCANISME DE LA CONSIGNATION

A - LE PRINCIPE

1. Les emballages concernés

Il existe deux catégories d'emballages :

- les emballages perdus : ils sont de faible valeur et indissociables des biens vendus ;
- les emballages récupérables : ils ont une valeur plus élevée et peuvent être réutilisés par le fournisseur.

Seuls les emballages récupérables sont susceptibles de faire l'objet d'une consignation.

2. L'utilité de la consignation

D'un point de vue juridique, la consignation est analysée comme un prêt à usage assorti d'un dépôt de fonds de garantie. En effet, le fournisseur fait payer aux clients, au moment de la livraison, une certaine somme en contrepartie de l'emballage prêté. Les conséquences sont les suivantes :

- le fournisseur, considéré comme un prêteur, reste propriétaire de l'emballage consigné ;
- le contrat liant le fournisseur et le client se termine avec l'usage de la chose, soit la restitution de l'emballage et le remboursement du dépôt par le fournisseur.

Ce mécanisme a pour effet d'inciter les clients à restituer au fournisseur les emballages en contrepartie du remboursement de la somme versée en guise de consignation.

B - LA FACTURATION

Le dépôt correspondant à la consignation n'est pas à prendre en compte pour déterminer l'assiette de la TVA si :

- la TVA n'est pas facturée sur la consignation ;
- les emballages sont rendus dans les délais en usage dans la profession.

Ainsi, si l'emballage n'est pas restitué par le client au fournisseur, l'opération se traduit par une vente et la TVA est alors due sur le montant de la vente des emballages (*cf.* fiche 21).

De la même façon, si le prix de reprise de l'emballage est inférieur au dépôt de consignation, la différence est soumise à la TVA (*cf.* fiche 20).

C - La comptabilisation

1. Chez le fournisseur

Par le contrat de consignation, le fournisseur s'est engagé à rembourser le client lors de la restitution de l'emballage : il a une dette conditionnelle envers son client. L'enregistrement comptable est le suivant :

- débit du compte 411 clients (vente à crédit) ou du compte 512 banque (vente au comptant) du montant de la consignation ;
- crédit du compte 4196, « Clients-dettes pour emballages consignés », du même montant.

On constate que le compte 4196 a un solde créditeur alors que le compte de regroupement 41 a un solde débiteur. Au bilan, le solde du compte 4196 n'apparaît pas en déduction du côté de l'actif mais est inscrit au passif dans la rubrique « Autres dettes ».

Pour une vente à crédit, le montant que le client doit effectivement verser au fournisseur est la différence entre le débit du compte 411 et le crédit du compte 4196 si les emballages sont restitués.

En cas de vente au comptant, la consignation a un impact négatif sur la trésorerie de l'entreprise cliente et positif sur celle du fournisseur.

2. Chez le client

Le contrat de consignation induit une créance conditionnelle du client sur son fournisseur : il sera remboursé lors de la restitution de l'emballage. L'enregistrement comptable, pour un achat à crédit, est le suivant :

- crédit du compte 401 fournisseurs (achat à crédit) ou du compte 512 banque (achat au comptant) du montant de la consignation ;
- débit du compte 4096, « Fournisseurs-créances pour emballages à rendre », du même montant.

On constate que le compte 4096 a un solde débiteur alors que le compte de regroupement 40 a un solde créditeur. Au bilan, le solde du compte 4096 n'apparaît pas en déduction du côté du passif mais est inscrit à l'actif dans la rubrique « Autres créances ».

II - APPLICATION

La société Alpha vend le 10/02/N à crédit de 30 jours à l'entreprise commerciale Oméga 30 séries de casseroles pour une valeur unitaire de 50 € HT. La TVA est à 19,60 %. Les casseroles sont livrées dans des caisses contenant chacune 3 séries et consignées pour une valeur unitaire de 20 €. La TVA afférente à la consignation n'est pas facturée.

1. Présentation de la facture

La facture établie par l'entreprise Alpha se présente de la façon suivante :

Société Alpha			
Facture n°15/A		Le 20/02/N	
A : société Oméga		Paiement à 30 jours	
30	série de casseroles	50 €	1 500,00 €
	TVA à 19,60 %		294,00 €
	Total TTC		1 794,00 €
	Consignation		
10	Caisses	20 €	200,00 €
		à payer	1 994,00 €

2. Enregistrement comptable chez le fournisseur

		10/02/N		
411		Clients	1 994	
	707	Vente de marchandises		1 500
	4457	TVA collectée		294
	4196	Clients-dettes pour emballages consignés		200

Si les comptes de l'entreprise étaient arrêtés à la date du 10/02/N et si l'on ne considérait que cette opération, l'extrait du bilan actif et passif à cette date serait :

ACTIF		PASSIF	
Créances clients et comptes rattachés	1 994	Dettes fiscales	294
		Autres dettes	200

On constate que la dette conditionnelle du fournisseur apparaît au passif dans la rubrique « Autres dettes ».

3. Enregistrement chez le client

	10/02/N		
607	Achat de marchandises	1 500	
4456	TVA déductible	294	
4096	Fournisseurs-créances pour emballages à rendre	200	
401	Fournisseurs		1 994

De la même façon que dans la comptabilité du fournisseur, si on arrêtait les comptes de l'entreprise Oméga le 10/02/N et en ne prenant en compte que l'opération comptable précédente, l'extrait du bilan à cette date serait :

ACTIF		PASSIF	
Autres créances – emballages – TVA déductible	 200 294	Dettes Fournisseurs	1 994

On constate que la créance conditionnelle apparaît à l'actif dans la rubrique « Autres créances ».

Fiche 20

LA RESTITUTION DES EMBALLAGES

I - LE PRINCIPE COMPTABLE

A - LE RETOUR AU PRIX DE CONSIGNATION

Dans cette situation, le fournisseur récupère les emballages consignés et rembourse le client du montant exact de la consignation payée lors de la livraison des biens.

Cette opération nécessite un enregistrement comptable chez le fournisseur et chez le client.

1. Comptabilisation chez le fournisseur

Le client ayant retourné les emballages, la dette du fournisseur envers ce dernier devient certaine :

- on débite le compte 4196 du montant de la consignation ;
- on crédite le compte 411 de ce même montant.

La somme que le fournisseur doit rembourser au client vient en diminution de la créance qu'il a sur ce dernier.

2. Comptabilisation chez le client

De la même façon, la créance que le client détient sur son fournisseur devient certaine lors de la restitution des emballages :

- on débite le compte 401 du montant de la consignation ;
- on crédite le compte 4096 de ce même montant.

La somme que le fournisseur doit rembourser au client vient en diminution de la dette que ce dernier a envers son fournisseur.

B - LA REPRISE À UN PRIX INFÉRIEUR

Lorsque les emballages sont restitués endommagés, ou lorsque le contrat de consignation est tel que le fournisseur fait payer à ses clients un prix correspondant au service procuré par l'usage des emballages, les emballages sont repris pour une somme inférieure au dépôt de consignation.

Cette situation se traduit différemment chez le fournisseur et chez le client.

1. Comptabilisation chez le fournisseur

Le fournisseur réalise un produit égal à la différence entre le prix de consignation et la valeur remboursée au client. Ce produit est soumis à la TVA. L'enregistrement comptable est le suivant :

- on débite le compte 4196 du montant de la consignation ;
- on crédite le compte 7086, « Bonis sur reprise d'emballages consignés », du montant du produit HT ;
- on crédite le compte 4457 du montant de la TVA collectée sur le produit réalisé ;
- on crédite le compte 411 de la différence entre la valeur de reprise HT et le montant de la TVA.

2. Comptabilisation chez le client

Le client réalise une perte égale à la différence entre la valeur de la consignation payée lors de la livraison et la somme obtenue lors de la restitution. Cette charge est soumise à la TVA :

- on débite le compte 6186, « Malis sur emballages », du montant de la charge HT ;
- on débite le compte 4456 du montant de la TVA déductible sur la charge supportée ;
- on débite le compte 401 de la différence entre la valeur de reprise HT et le montant de la TVA ;
- on crédite le compte 4096 du montant de la consignation.

II - APPLICATION

A - Le retour au prix de consignation

Reprenons l'exemple traité dans la fiche précédente. On suppose que la société Oméga a retourné les 10 caisses à l'entreprise Alpha le 20/02/N.

1. Présentation de la facture

La facture établie par l'entreprise Alpha se présente de la façon suivante :

Société Alpha			
Facture n°15/A			Le 20/02/N
A : société Oméga			Paiement à 30 jours
Retour de 10 caisses consignées le 10/02/N Reprise au prix de consignation			
10	Caisses	20 €	200 €

2. Enregistrement comptable chez le fournisseur

		20/02/N		
4196		Clients-dettes pour emballages consignés	200	
	411	Clients		200

Le compte 4196 est soldé.

3. Enregistrement comptable chez le client

		20/02/N		
401		Fournisseurs	200	
	4096	Fournisseurs-créances pour emballages à rendre		200

Le compte 4096 est soldé.

B - La reprise à un prix inférieur

Reprenons l'exemple précédent mais en considérant cette fois-ci que les caisses sont reprises pour une valeur de 15 € seulement.

1. Présentation de la facture

La facture établie par l'entreprise Alpha se présente de la façon suivante :

Société Alpha Facture n°15/A — Le 20/02/N A : société Oméga — Paiement à 30 jours		
Retour de 10 caisses consignées le 10/02/N pour une valeur de		200,00 €
À déduire :		
Abattement unitaire HT	5,00 €	
TVA sur abattement (19,60 %)	0,98 €	
Total à déduire	5,98 €	- 59,80 €
Net au crédit		140,20 €

2. Enregistrement comptable chez le fournisseur

		20/02/N		
4196		Clients-dettes pour emballages consignés	200	
	7086	Bonis sur reprise d'emballages consignés		50
	4457	TVA collectée		9,80
	411	Clients		140,20

Le compte 4196 est soldé et la dette effective que le fournisseur a envers son client apparaît au crédit du compte 411.

3. Enregistrement comptable chez le client

		20/02/N		
401		Fournisseurs	140,20	
	6186	Malis sur emballages	50	
	4456	TVA déductible	9,80	
	4096	Fournisseurs-créances pour emballages à rendre		200

Le compte 4096 est soldé et la créance que le client détient sur son fournisseur apparaît au débit du compte 401.

Fiche 21

LES EMBALLAGES NON RESTITUÉS

I - LE PRINCIPE COMPTABLE

A - LA VENTE D'EMBALLAGES

Si le client décide de conserver les emballages ou si le délai de restitution fixé par le contrat de consignation est dépassé, la nature juridique du contrat passé entre le fournisseur et son client change. La non-restitution des emballages s'analyse comme une vente et le client devient propriétaire des emballages :

- si les emballages sont identifiables, ils sont considérés comme des immobilisations et la vente s'analyse comme une cession d'immobilisation (*cf.* fiche n° 42) ;
- si les emballages ne sont pas identifiables, ils sont considérés comme des approvisionnements et leur non-restitution s'analyse comme une cession d'approvisionnements : seul ce cas est traité dans la présente fiche.

B - LA COMPTABILISATION

1. Comptabilisation chez le fournisseur

Le fournisseur réalise une vente soumise à la TVA. L'enregistrement comptable est le suivant :

- on débite le compte 4196 du montant de la consignation et le compte 411 du montant de la TVA calculée sur ce prix qui représente la valeur HT de la vente ;
- on crédite le compte 4457 du montant de la TVA collectée sur la vente et le compte 7088 « Cessions d'approvisionnements » du montant de la vente HT.

2. Comptabilisation chez le client

Le client réalise un achat soumis à la TVA. L'enregistrement comptable est le suivant :

- on débite le compte 6026, « Achats d'emballages », du montant de l'achat HT, c'est-à-dire du prix de consignation et le compte 4456 du montant de la TVA déductible sur l'achat ;
- on crédite le compte 401 du montant de la TVA et le compte 4096 du montant de la consignation.

II - APPLICATION

Reprenons l'exemple traité dans les deux fiches précédentes. On suppose que la société Oméga désire conserver les 10 caisses consignées le 10/02/N. Dès lors, on suppose que l'entreprise Alpha adresse le 25/02/N la facture de vente suivante à son client :

Société Alpha Facture n°19 Doit : société Oméga			Le 25/02/N Paiement à 30 jours
10	caisses non restituées	20 €	200,00 €
	TVA à 19,60 %		39,20 €
	Total TTC *A déduire*		239,20 €
	Consignation		200,00 €
À payer			39,20 €

1. Comptabilisation chez le fournisseur

		25/02/N		
4196		Clients-dettes pour emballages consignés	200	
411		Clients	39,20	
	7088	Cessions d'approvisionnement		200
	4457	TVA collectée		39,20

2. Comptabilisation chez le client

		25/02/N		
6026		Achats d'emballages	200	
4456		TVA déductible	39,20	
	4096	Fournisseurs-créances pour emballages à rendre		200
	401	Fournisseurs		39,20

Fiche 22

LES EFFETS DE COMMERCE

I - LA CRÉATION DE L'EFFET DE COMMERCE

Le règlement des opérations d'achat et de vente peut se faire au comptant par l'intermédiaire d'un compte de trésorerie ou à crédit. Dans ce second cas, il peut y avoir création d'un effet de commerce.

A - Les documents

1. La lettre de change

La lettre de change est à l'initiative du fournisseur. C'est un écrit par lequel le créancier (tireur/fournisseur) donne l'ordre à son débiteur (tiré/client) de payer à une date donnée (échéance) une certaine somme à une personne désignée (bénéficiaire, qui est souvent le tireur). Schématiquement, la lettre de change se présente de la façon suivante :

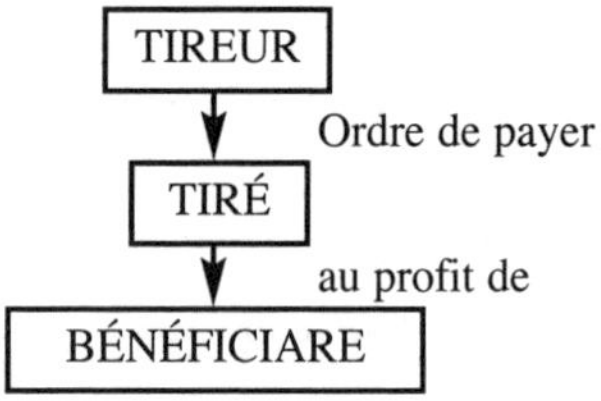

2. Le billet à ordre

Un billet à ordre est à l'initiative du client. C'est un écrit par lequel une personne (souscripteur/client) s'engage envers une seconde personne (bénéficiaire/fournisseur) à payer une somme déterminée à une date donnée (échéance). Schématiquement, le billet à ordre est représenté de la façon suivante :

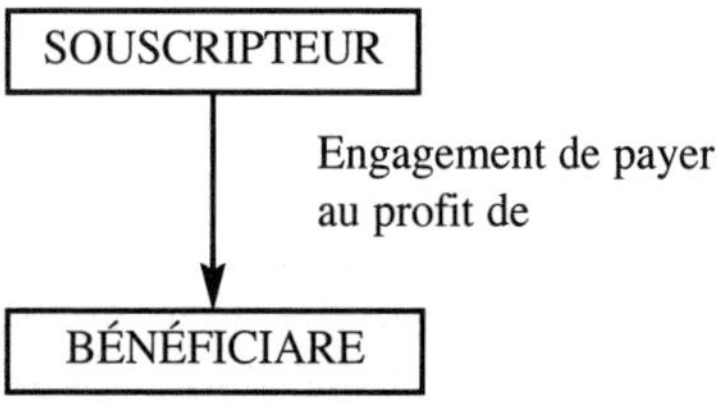

B - La comptabilisation

Les effets de commerce sont des moyens pour l'entreprise de mobiliser les créances. Ainsi, la création d'un effet de commerce n'entraîne pas la disparition de la créance que détient le fournisseur sur son client ou la dette que le client a envers son fournisseur. Lors de la création d'un effet de commerce, il y a transfert de support : le support de la créance ou de la dette n'est plus la facture mais l'effet.

1. Comptabilisation chez le fournisseur

La création d'un effet de commerce chez le fournisseur s'enregistre en comptabilité de la façon suivante :

- on débite le compte 413 « Clients-effets à recevoir » du montant TTC de la créance concernée ;
- on crédite le compte 411 de ce même montant.

2. Comptabilisation chez le client

L'enregistrement comptable de la création d'un effet de commerce chez le client est le suivant :

- on débite le compte 401 du montant TTC de la dette concernée ;
- on crédite le compte 403 « Fournisseurs-effets à payer » de ce même montant.

C - Le règlement des effets à l'échéance

1. Encaissement d'effets non domiciliés

Si l'effet de commerce n'est pas domicilié, l'encaissement se fait directement au domicile du tiré :

- chez le bénéficiaire, on débite le compte 512 par le crédit du compte 413 ;
- chez le tiré, on débite le compte 403 par le crédit du compte 512.

2. Encaissement d'effets domiciliés

Si l'effet est domicilié, l'encaissement s'effectue auprès du domiciliataire (banque ou CCP) du tiré. Le service rendu par le domiciliataire entraîne la comptabilisation de commissions d'encaissement soumises à la TVA à 19,60 %. Cette différence mise à part, le principe comptable reste le même que dans le cas précédent.

II - APPLICATION

Le 15/03/N, le fournisseur Thêta tire une lettre de change sur son client Gamma pour un montant de 9 488 € en règlement de la facture du 6/03/N.

Le 22/05/N, Thêta remet l'effet à l'encaissement.

Le 25/05/N, à la date de règlement prévue, l'effet est payé. La banque de Thêta fait payer à ce dernier une commission d'encaissement de 20 €.

A - Création des effets de commerce

1. Comptabilisation chez le fournisseur

Le fournisseur Thêta est le bénéficiaire. La création de l'effet de commerce nécessite de solder la créance client concernée et d'enregistrer l'effet de commerce :

—————————		15/03/N	—————————	
413		Clients-effets à recevoir	9 488	
	411	Clients		9 488
—————————			—————————	

Cette écriture permet d'effectuer un virement d'un compte de créance ordinaire au compte de créance 413 : le compte 411, concernant cette créance, est soldé.

2. Comptabilisation chez le client

La création de l'effet de commerce nécessite de solder la dette envers le fournisseur Thêta et d'enregistrer l'effet de commerce :

—————————		15/03/N	—————————	
401		Fournisseurs	9 488	
	403	Fournisseurs-effets à payer		9 488
—————————			—————————	

On effectue un virement du compte 401 vers le compte 403 : le compte 401, concernant cette dette, est soldé.

B - Le règlement à l'échéance

1. Comptabilisation chez le fournisseur

Il faut en premier lieu comptabiliser la remise à l'encaissement de l'effet en soldant le compte 413.

		22/05/N		
511		Valeurs à l'encaissement	9 488	
	413	Clients-effets à recevoir		9 488

Thêta percevra un montant inférieur à celui correspondant à la créance client puisqu'il doit payer une commission d'encaissement soumise à la TVA à 19,60 %. L'enregistrement comptable le 25/05/N est :

		25/05/N		
512		Banque	9 464,08	
627		Services bancaires	20	
4456		TVA déductible	3,92	
	511	Valeurs à l'encaissement		9 488

2. Comptabilisation chez le client

L'enregistrement est plus simple puisque le client n'a pas de commission bancaire à payer. Il faut simplement enregistrer le règlement de l'effet :

		25/05/N		
512		Banque	9 488	
	413	Clients-effets à recevoir		9 488

Fiche 23

LA CIRCULATION DES EFFETS DE COMMERCE

I - L'UTILISATION DES EFFETS DE COMMERCE

A - La remise à l'escompte

1. Principe

La remise à l'escompte d'un effet auprès d'une banque permet au créancier de percevoir le montant de l'effet avant l'échéance :

- la banque devient propriétaire de l'effet et par conséquent le nouveau bénéficiaire ;
- la banque verse à l'entreprise une somme correspondant à la valeur de l'effet diminuée des agios qui rémunèrent le versement des fonds par anticipation et le service rendu.

2. Les agios

Les agios comprennent deux éléments :

- l'escompte commercial, qui correspond à l'intérêt de l'argent avancé et n'est pas soumis à la TVA ;
- une commission bancaire, qui rémunère le service rendu et qui peut être soumise à la TVA au taux de 19,60 %.

3. La comptabilisation

La remise d'un effet à l'escompte entraîne la sortie de l'effet des comptes de l'entreprise qui n'en est plus propriétaire et la perception d'une certaine somme.

Cette opération n'a aucune influence sur la situation du tiré qui doit toujours régler sa dette à l'échéance.

L'enregistrement comptable chez le tireur est :

- débit des comptes de charges 661 « Charges d'intérêts », 627 « Commissions bancaires » et 4456 « TVA déductible » pour les trois composantes des agios ;
- crédit du compte 413 pour le montant de l'effet ;
- débit du compte 512 pour la valeur nette qui correspond à la différence entre la valeur nominale de l'effet et les agios.

B - L'endossement au profit d'un tiers

1. Le principe

L'endossement permet au bénéficiaire d'un effet de le transmettre à l'un de ses créanciers.

L'endossement se traduit par le changement de bénéficiaire et se réalise par une mention portée au dos de l'effet et indiquant le nom du nouveau bénéficiaire.

2. La comptabilisation

Comme la remise à l'escompte, l'endossement n'a aucun effet sur la situation du débiteur. En revanche, chez le créancier, il entraîne une sortie de l'effet du patrimoine de l'entreprise.

Comptablement, ceci se traduit par :

- le crédit du compte 413 du montant de l'effet ;
- le débit du compte 401 pour le montant de l'effet, ce qui entraîne une diminution de la dette que l'entreprise a envers le fournisseur qui est devenu le nouveau bénéficiaire.

II - APPLICATION

A - La remise a l'escompte

1. Énoncé

Le 15/04/N, la société Alpha remet à l'escompte auprès de sa banque un effet de 11 186 € au 20 juin, sur son client Thêta.

Le taux d'escompte annuel est de 15 %. La commission bancaire est de 10 €, elle est soumise à la TVA à 19,60 %.

2. Établissement du bordereau d'escompte

Pour déterminer l'escompte, on calcule le nombre exact de jours qui s'écoulent entre la date de remise à l'escompte et la date de l'échéance. On retient traditionnellement une année de 360 jours. De plus, on considère généralement un ou deux jours de banque.

L'effet étant porté à l'escompte le 15 avril, il s'écoule 16 jours en avril, 30 en mai et 19 en juin. Si on considère 1 jour de banque, il s'écoule donc 66 jours entre la remise à l'escompte et la date d'échéance. L'escompte est de :

11 186 x 66 x (0,15/360) = 307,62 €.

Le bordereau d'escompte se présente de la façon suivante :

BANQUE D'ALPHA	
Nominal de l'effet remis à l'escompte11 186 €	
Agios	
- Escompte : taux annuel 15 %	
date de la remise : 15 avril N	
échéance 20 juin, soit 66 jours	307,62 €
- Commission bancaire	10,00 €
- TVA sur commission	1,96 €
Total des agios	319,58 €
Net porté en compte	10 866,42 €

3. Comptabilisation

		15/04/N		
512		Banque	10 866,42	
661		Charges d'intérêts	307,62	
627		Services bancaires	10,00	
4456		TVA déductible	1,96	
	413	Clients-effets à recevoir		11 186

L'entreprise Alpha n'étant plus bénéficiaire de l'effet de commerce, le compte 413 est soldé le 15/04/N.

La comptabilité du client n'est absolument pas affectée par la remise de l'effet à l'escompte : à l'échéance, le client réglera sa dette à la banque d'Alpha et non à l'entreprise elle-même.

B - L'ENDOSSEMENT AU PROFIT D'UN TIERS

1. Énoncé

Le 12 mai, l'entreprise Gamma endosse la lettre de change n° 27 d'un montant de 7 116 € sur son client Oméga, au profit de son fournisseur Alpha.

2. Comptabilisation chez Gamma

L'endossement de la lettre de change au profit de la société Alpha entraîne un transfert de propriété de l'effet de commerce : l'effet de commerce disparaît de la comptabilité de la société Gamma.

L'enregistrement comptable correspondant est le suivant :

————————		12/05/N ————————		
401		Fournisseur Alpha	7116	
	413	Clients-effets à recevoir		7116
————————		————————		

Le compte 413, concernant le client Oméga, est soldé. La dette que la société Gamma a envers son fournisseur Oméga diminue de 7 116 €.

3. Comptabilisation chez Oméga

La comptabilité de la société Oméga n'est pas affectée par l'endossement de l'effet au profit de la société Alpha. Oméga a toujours une dette de 7 116 € : à l'échéance de l'effet, le paiement de cette dette s'effectuera au profit d'Alpha et non plus de Gamma.

Fiche 24

DIFFICULTÉS DE RECOUVREMENT DES EFFETS

I - L'INCIDENT DE PAIEMENT

A - LE RENOUVELLEMENT DE L'EFFET DE COMMERCE

1. Principe

Lorsque le tiré prévoit des difficultés relatives au règlement de sa dette à l'échéance, il peut demander un renouvellement de l'effet au tireur si l'effet est toujours en sa possession. Si l'effet a été remis à l'escompte ou endossé au bénéfice d'un tiers, le tireur peut pratiquer une avance de fonds au débiteur.

2. Comptabilisation des étapes du renouvellement de l'effet

Le renouvellement de l'effet nécessite l'annulation de l'effet précédent et la création d'un nouvel effet d'échéance plus lointaine et de nominal augmenté des intérêts de retard de paiement. Cette opération aura un impact tant dans la comptabilité du client que dans celle du fournisseur :

■ Chez le fournisseur :

– l'annulation du premier effet se fait en créditant le compte 413 par le débit du compte 411 : la dette que le client a envers son fournisseur apparaît à nouveau dans un compte de créance ordinaire ;

– la création du nouvel effet entraîne l'enregistrement de produits financiers liés aux intérêts de retard et enregistrés au crédit du compte 7631 « Revenus des créances commerciales » ;

– le montant nominal du nouvel effet apparaît au débit du compte 413 qui a pour contrepartie le solde du compte 411 pour le montant nominal du premier effet et le crédit du compte 7631 ;

■ Chez le client :

– l'annulation du premier effet se fait en débitant le compte 403 par le crédit du compte 401 ;

– la création du nouvel effet entraîne l'enregistrement de charges financières liées aux intérêts de retard et enregistrées au crédit du compte 66181 « Intérêts des dettes commerciales » ;

– le montant nominal du nouvel effet apparaît au crédit du compte 403 qui a pour contrepartie le solde du compte 401 pour le montant nominal du premier effet et le débit du compte 66181.

B - Effets impayés

Le non-paiement d'un effet à l'échéance par un client a des conséquences différentes selon que cet effet est toujours la propriété du fournisseur ou qu'il a été négocié.

1. L'effet n'a pas été négocié

Lorsque l'effet est présenté au paiement par le bénéficiaire et que le tiré refuse de payer, l'effet doit être annulé :

- chez le fournisseur, cette annulation s'effectue en créditant le compte 413 par le débit du compte 411 : la créance client ne disparaît pas, elle change à nouveau de support en attendant les conclusions des négociations entre les deux parties ;
- chez le client, l'annulation de l'effet se fait en débitant le compte 403 par le crédit du compte 401 : la dette envers le fournisseur ne disparaît pas.

2. L'effet a été escompté

Lorsque l'effet a été escompté, à la date d'échéance, il est présenté au paiement par la banque. Si le client refuse de payer l'effet, la banque se retourne contre le bénéficiaire initial : elle prélève sur le compte du fournisseur le montant de l'effet augmenté des frais de non-paiement. Le fournisseur pourra ensuite se retourner contre son client.

L'enregistrement comptable chez le fournisseur est le suivant :

- débit du compte 411 pour le montant prélevé par la banque ;
- crédit du compte banque.

3. L'effet a été endossé au profit d'un tiers

De la même façon que lorsque l'effet a été escompté, si à l'échéance le client ne paie pas l'effet tiré sur lui, le second bénéficiaire se retourne contre l'endosseur : il réclame à son client qui est le premier bénéficiaire de régler le nominal de l'effet augmenté des frais d'impayé.

L'enregistrement comptable sera le suivant :

- chez le second bénéficiaire, on solde le compte 413 en le créditant du montant nominal de l'effet, on enregistre un produit lié aux frais d'impayé au crédit du compte 708 et on débite le compte 411 du montant total réclamé au premier bénéficiaire ;
- chez le premier bénéficiaire, on fait réapparaître la dette envers le fournisseur, second bénéficiaire, en créditant le compte 401 du montant réclamé par le débit du compte 411 de cette même somme qui sera réclamée au tiré.

II - APPLICATION

A - Le renouvellement de l'effet

Le 10/09/N, la société Gamma prévient son fournisseur Alpha qu'elle ne pourra pas payer le 20/09/N la lettre de change n° 43 de 3 558 € qu'il avait acceptée. Gamma sollicite un report d'échéance de 30 jours. La société Alpha accepte et tire le 12/09/N une nouvelle lettre de change sur son client à échéance le 20/10/N et d'un nominal augmenté des intérêts de retard. Le taux pratiqué est de 12 %.

1. Calcul du nominal du nouvel effet

Le nominal du nouvel effet est égal à la somme :

- du nominal du premier effet : 3 558 € ;
- et des intérêts de retard calculés de la façon suivante :

3 558 x (0,12/360) x 30 = 35,58 €.

Le nominal du nouvel effet est donc de 3 593,58 €.

2. Enregistrement chez le fournisseur

		12/09/N		
411		Client Gamma	3 558	
	413	Clients-effets à recevoir		3 558
		12/09/N		
413		Clients-effets à recevoir	3 593,58	
	411	Client Gamma		3 558
	7631	Revenus des créances commerciales		35,58

Le compte 411 est soldé et le nominal du nouvel effet apparaît au débit du compte 413.

3. Enregistrement chez le client

		12/09/N		
403		Fournisseurs-effets à payer	3 558	
	401	Fournisseur Alpha		3 558
		12/09/N		
401		Fournisseur Alpha	3 558	
66181		Intérêts des dettes commerciales	35,58	
	403	Fournisseurs-effets à payer		3 593,58

B - Les effets impayés

Reprenons l'exemple précédent en supposant qu'à la date d'échéance, soit le 20/09/N, la société Gamma ne paie pas sa dette.

1. Alpha présente l'effet au paiement

Gamma refusant de payer, l'enregistrement comptable chez Alpha est :

		20/09/N		
411		Client Gamma	3 558	
	413	Clients-effets à recevoir		3 558

Dans la comptabilité de Gamma, on aura :

		20/09/N		
403		Fournisseurs-effets à payer	3 558	
	401	Fournisseur Alpha		3 558

2. L'effet a été négocié

On suppose que l'effet avait été escompté et que la banque prélève des frais de non-paiement de 25 €. Seule la comptabilité du fournisseur est affectée :

411		Client Gamma	3 583	
	512	Banque		3 583

La banque prélève sur le compte d'Alpha le montant qui correspond à la somme du nominal de l'effet et des frais de non-paiement. Dans la comptabilité d'Alpha, on constate que Gamma a une dette de 3 583 € envers son fournisseur.

Fiche 25

LES CHARGES SALARIALES

I - ÉLÉMENTS CONSTITUTIFS

A - Le salaire brut

Toute personne liée à l'entreprise par un contrat de travail ou d'apprentissage perçoit un salaire. Selon la loi d'orientation et d'incitation du 19 mai 1988, la durée légale du temps de travail effectif hebdomadaire est de 35 heures à compter du 1er janvier 2000 pour les entreprises de plus de 20 salariés et du 1er janvier 2002 pour toutes les entreprises. Le salaire brut peut être constitué des éléments suivants :

– le salaire mensuel calculé sur la base de 169 heures par mois (pour les entreprises qui relèvent encore du régime des 39 h hebdomadaires) ;

– les heures supplémentaires ;

– des éléments accessoires (indemnités, gratifications sur salaires…).

B - Les cotisations salariales

Il s'agit de retenues sur le salaire brut dues à divers titres.

1. La notion de salaire plafonné

La base de calcul des cotisations varie selon la nature de celles-ci. Elle correspond au salaire brut, au salaire plafonné ou à une combinaison des deux. Au 1/04/2009, le salaire plafonné est de 2 859 €. Les cotisations assises sur le salaire plafonné signifient que le taux de retenue est appliqué sur le salaire brut jusqu'à hauteur du plafond et au-delà aucune cotisation n'est due.

2. Les cotisations salariales dues à la Sécurité sociale

Les cotisations de Sécurité sociale comprennent :

– l'assurance maladie : 0,75 % du salaire brut ;

– l'assurance vieillesse : 6,65 % du salaire plafonné et 0,1 % du salaire brut.

3. Les cotisations salariales d'assurance chômage

Le taux de cotisation chômage représente 2,4 % du salaire brut. Toutefois, la base de cotisation est constituée de la totalité des gains dans la limite de quatre fois le plafond mensuel de la Sécurité sociale.

4. Les cotisations salariales de retraite complémentaire

■ Pour les non cadres, le taux de cotisation varie selon la tranche :
– tranche 1 :
• ARCCO : 3 % du salaire plafonné
• AGFF : 0,8 %
– tranche 2
• ARCCO : 8 %
• AGFF : 0,9 %
La tranche 2 est constituée de la totalité des gains jusqu'à trois fois le plafond mensuel de la Sécurité sociale.

■ Pour les cadres, la retenue est calculée de la façon suivante :
– tranche A :
• ARCCO : 3 %
• AGFF : 0,8 %
– tranche B et C :
• AGIRC : 7,70 %
• AGFF : 0,9 %
• APEC/ 0,024 %.
N.B. : la tranche B correspond au salaire compris entre le plafond mensuel de la Sécurité sociale et quatre fois ce plafond. La tranche C correspond au salaire compris entre cinq et huit fois le plafond de la Sécurité sociale.

C - La contribution sociale généralisée (CSG) et la contribution au remboursement de la dette sociale (CRDS)

La CSG a été instituée par la loi de finances pour 1991 afin de mieux assurer l'équilibre des régimes de sécurité sociale.

Depuis le 1er janvier 1998 le taux est de 7,5 % des revenus d'activité et du capital. La base de calcul représente 97 % du salaire brut.

Une partie de la CSG (5,1 %) est déductible des revenus suivant de base au calcul de l'impôt. La CSG non déductible est donc de 2,4 %.

L'ordonnance du 24 janvier 1996, relative au remboursement de la dette sociale, a mis en place la CRDS. Cet impôt est calculée sur la même base que la CSG. Son taux est de 0,5 % et il n'est pas déductible.

II - La comptabilisation

A - L'enregistrement du salaire brut

L'entreprise doit au salarié le salaire brut qui a été calculé en tenant compte des divers éléments constitutifs. Au moment de l'établissement du bulletin de paie, elle doit faire apparaître la dette qu'elle a envers son salarié de la façon suivante :

- débit du compte 641 « Rémunération du personnel » pour le montant correspondant au salaire brut ;
- crédit du compte 421 « Personnel - rémunération due » pour le même montant.

B - L'enregistrement des cotisations salariales

Les retenues sur salaire dues à la Sécurité sociale et aux autres organismes sociaux sont directement payées par l'entreprise. Leur montant vient en déduction de la dette que l'entreprise a envers son salarié. L'enregistrement comptable est :

- crédit du compte 421 du montant total des retenues sur salaire ;
- débit du compte 431 « Sécurité sociale » du montant des cotisations salariales de Sécurité sociale ;
- débit du compte 437 « Autres organismes sociaux » du montant des autres retenues sur salaire.

Le solde du compte 421 fait apparaître le salaire net qui correspond au montant que percevra effectivement le salarié.

III - Application

A - Énoncé

L'entreprise Alpha emploie parmi ses salariés :

- M. X, cadre, dont le salaire brut mensuel est de 3 000 € ;
- M. Y, non-cadre, dont le salaire brut mensuel est de 1 500 €.

B - Calcul des cotisations salariales

1. Le salaire de M. X

■ Les cotisations de Sécurité sociale :

- assurance maladie : 3000 x 0,0075 = 22,5 € ;
- assurance vieillesse : (2 859 x 0,0665) + (3000 x 0,001) = 193,12 €.

Les cotisations de Sécurité sociale représentent 215,62 €.

■ La CSG déductible : 3000 x 0,97 x 0,051 = 148,41 €.

■ La CSG non déductible : 3000 x 0,97 x 0,024 = 69,84 €.

■ La CRDS : 3000 x 0,97 x 0,005 = 14,55 €.

- L'assurance chômage :

  3000 x 0,024 = 72 €.

- La retraite complémentaire :

  – cotisations retraite :

  (2859 x 0,038) + (3000 - 2859) x 0,086 = 120,77 € ;

  – APEC : 3000 x 0,00024 = 0,72 €.

2. Le salaire de M. Y

- Les cotisations de Sécurité sociale :

  – assurance maladie : 1500 x 0,0075 = 11,25 € ;

  – assurance vieillesse : 1500 x 0,0675 = 101,25 € ;

Les cotisations de Sécurité sociale représentent 112,50 €.

- La CSG déductible : 1500 x 0,97 x 0,051 = 74,21 €.
- La CSG non déductible : 1500 x 0,97 x 0,024 = 34,92 €.
- La CRDS : 1 500 x 0,97 x 0,005 = 7,28 €.
- L'assurance chômage : 1500 x 0,024 = 36 €.
- La retraite complémentaire : 1500 x 0,038 = 57 €.

C - COMPTABILISATION

Considérons le mois de février. Le 25 février, l'entreprise Alpha établit les fiches de paie de ses salariés. A la lecture de celles-ci, les écritures suivantes sont enregistrées :

		25/02/N		
641		Rémunération du personnel	4500	
	421	Personnel-rémunération due		4500
421		Personnel-rémunération due	963,82	
	431	Sécurité sociale (215,62 + 148,41 + 69,84 + 14,55 + 112,5 + 74,21 + 34,92 + 7,28)		677,33
	437	Autres organismes sociaux (72 + 120,77 + 0,72 + 36 + 57)		286,49

Le compte 421 présente un solde créditeur de 3 536,18 €. Cette somme correspond aux salaires nets des deux salariés.

Fiche 26

LES CHARGES PATRONALES

I - ÉLÉMENTS CONSTITUTIFS

A - Les cotisations patronales

L'établissement de la fiche de paie nécessite de calculer, en plus des charges salariales, les charges patronales à verser par l'employeur aux différents organismes sociaux.

1. Les charges patronales dues à la Sécurité sociale

- L'assurance maladie: elle représente 12,80 % du salaire brut.
- L'assurance vieillesse: elle représente 8,30 % du salaire plafonné et 1,60 % du salaire brut.
- Allocations familiales: 5,40 % du salaire brut.
- Allocations de logement: 0,10 % du salaire plafonné et 0,40 % du salaire brut pour les employeurs occupant plus de 20 salariés.
- Accident du travail: le taux est notifié par la Caisse régionale d'assurance maladie.

2. Les charges patronales d'assurance chômage

L'assurance chômage est calculée de la façon suivante:

- le taux d'assurance chômage représente 4 % du salaire brut pour les tranches A et B ;
- pour ces deux tranches, le fonds de garantie des salaires est de 0,2 % du salaire brut pour un montant compris entre 0 et 11 436 €.

3. Les charges patronales de retraite complémentaire

Il faut distinguer le régime des cadres de celui des non-cadres:

■ Pour les non cadres, le taux de cotisation varie selon la tranche:
- tranche A:
  • ARCCO: 4,50 %
  • AGFF: 1,20 %
- tranche B:
  • ARCCO: 12 %
  • AGFF: 1,30 %

■ Pour les cadres, la retenue est calculée de la façon suivante:
- tranche A:
  • ARCCO: 4,50 %
  • AGFF: 1,20 %
- tranche B et C:
  • AGIRC: 12,6 %
  • AGFF: 1,3 %
  • APEC: 0,036 %

B - Les charges fiscales assises sur les salaires

L'entreprise a l'obligation de verser régulièrement des taxes ou versements assimilés calculés sur le montant total des salaires bruts annuels. Des exemples sont donnés ci-dessous.

1. La taxe d'apprentissage

Cette taxe, qui a pour objet de financer la formation technique initiale, représente 0,18 % des salaires bruts de l'année précédente.

2. La participation à la formation professionnelle

Quel que soit le nombre de salariés, les entreprises sont tenues de participer financièrement à la formation professionnelle par divers moyens.

3. La participation à l'effort de construction

L'entreprise peut participer à l'investissement dans la construction de logements de différentes façons. Chaque année, la somme destinée à cet effort représente 0,45 % du total des salaires bruts de l'année précédente.

4. La taxe sur les salaires

Cette taxe est due par les entreprises non ou partiellement assujetties à la TVA.

C - Les autres charges sociales patronales

D'autres charges sociales patronales sont payées par l'employeur. Il peut s'agir de charges liées au financement :

- des comités d'entreprise et d'établissement ;
- des comités d'hygiène et de sécurité ;
- d'autres œuvres sociales (crèches…).

II - LA COMPTABILISATION

A - Les cotisations patronales

Les cotisations patronales constituent une charge pour l'entreprise. Elles sont enregistrées de la façon suivante :

- on débite le compte 645 « Charges de Sécurité sociale et de prévoyance » ;
- on crédite les comptes 431 et 437 à hauteur du montant dû aux organismes sociaux concernés.

B - Les autres charges patronales

1. Les charges fiscales assises sur les salaires

Ces charges sont enregistrées au débit du compte 63 « Impôts, taxes et versements assimilés ». Selon la nature de la charge ou le mode de versement choisi, la comptabilisation varie.

2. Les autres charges sociales patronales

Ces charges sont enregistrées de la façon suivante :

- on débite le compte 647 « Autres charges sociales » ;
- on crédite un compte financier.

III - APPLICATIONS

A - Les cotisations patronales

Reprenons l'exemple des deux salariés de l'entreprise Alpha, en supposant que l'entreprise emploie plus de 20 salariés.

Rappelons les données de l'énoncé :

– M. X, cadre, perçoit un salaire brut mensuel de 3 000 € ;
– M. Y, non-cadre, perçoit un salaire brut mensuel de 1 500 €.

1. Calcul des cotisations patronales

■ pour M. X :

– Sécurité sociale :
  – assurance maladie : 3 000 x 0,128 = 384 € ;
  – assurance vieillesse : (2 859 x 0,083) + (3 000 x 0,016) = 285,30 € ;
  – allocations familiales : 3 000 x 0,054 = 162 € ;
  – allocations logement : 2 859 x 0,001 + 3 000 x 0,004 = 14,86 €.

– Assurance chômage :
3 000 x (0,04 + 0,002) = 126 € ;

– Retraite complémentaire :
(2 859 x 0,057) + (3 000 - 2 859) x 0,139 = 182,56 € ;

– APEC : 3 000 x 0,00036 = 1,08 €.

Les charges patronales sont de 846,16 € pour la Sécurité sociale et de 309,64 € pour les autres organismes sociaux.

■ pour M. Y :

– Sécurité sociale :
  – assurance maladie : 1 500 x 0,128 = 192 € ;
  – assurance vieillesse : 1 500 x (0,083 + 0,016) = 148,5 € ;
  – allocations familiales : 1 500 x 0,054 = 81 € ;
  – allocations logement : 1 500 x 0,005 = 7,50 €.

– Assurance chômage :
1 500 x (0,04 + 0,002) = 63 € ;

– Retraite complémentaire :
1 500 x 0,067 = 100,50 €.

Les charges patronales sont de 429 € pour la Sécurité sociale et de 163,5 € pour les autres organismes sociaux.

2. Comptabilisation

Le 25 février, l'enregistrement des fiches de paie nécessite de passer également l'écriture suivante :

		25/02/N		
645		Charges de Sécurité sociale et de prévoyance	1 748,30	
	431	Sécurité sociale		1 275,16
	437	Autres organismes sociaux		473,14

B - Les autres charges patronales

1. Énoncé

Le 15/01/N, l'entreprise Epsilon décide de consacrer :

– 540 € à la taxe d'apprentissage dont 300 € sous la forme de salaires payés aux apprentis et 240 € sous la forme d'une subvention versée comptant à un centre de formation ;

– 6 000 € à la formation professionnelle continue dont 4 500 € de matériel pédagogique. Le solde sera versé au Trésor Public.

2. Comptabilisation

En ce qui concerne la taxe d'apprentissage, l'enregistrement comptable est :

		15/01/N		
641		Rémunération du personnel	300	
	421	Personnel - rémunérations dues		300
633		Impôts, taxes et versements assimilés sur rémunérations (autres organismes)	240	
	512	Banque		240

En ce qui concerne la formation professionnelle, l'enregistrement comptable est :

		15/01/N		
218		Autres immobilisations corporelles	4 500	
	404	Fournisseurs d'immobilisations		4 500
631		Impôts, taxes et versements assimilés sur rémunérations (autres organismes)	1 500	
	447	État - Autres impôts		1 500

Fiche 27

PAIEMENT DES SALAIRES ET DES COTISATIONS SOCIALES

I - LA COMPTABILISATION

A - LE CAS CLASSIQUE

Après avoir effectué les enregistrements comptables relatifs à l'établissement de la fiche de paie, l'entreprise règle sa dette envers son salarié (en lui versant son salaire net) et ses dettes envers les organismes sociaux. L'enregistrement comptable correspondant à cette opération est le suivant :

- solde du compte 421 en le débitant du montant du salaire net ;
- solde des comptes 431 et 437 en les débitant du montant des cotisations qui avaient été enregistrées à leur crédit lors du calcul des cotisations salariales et patronales ;
- crédit du compte banque de la somme du salaire net, des cotisations salariales et des cotisations patronales.

B - AVANCE, ACOMPTE ET OPPOSITION

1. Définitions

- L'acompte est une somme versée au salarié avant la fin du mois en rémunération d'un travail déjà effectué ;
- l'avance est également une somme versée avant la fin du mois mais elle ne correspond pas à un travail déjà effectué ;
- si un créancier du salarié a obtenu par décision de justice une saisie-arrêt sur salaire, l'employeur prélève directement le montant saisi sur la paie de son salarié pour le verser au créancier de ce dernier.

2. Comptabilisation

- Versement de l'avance ou de l'acompte : débit du compte 425 « Personnel-avances et acomptes » par le crédit du compte 512 ;
- enregistrement de la fiche de paie : crédit des comptes 425 et 427 « Personnel-oppositions » par le débit du compte 421 ;
- paiement du salaire : solde du compte 421 en le débitant du montant du salaire restant à payer par le crédit du compte 512.

II - APPLICATION

A - Énoncé

Reprenons l'exemple de l'entreprise Alpha et de ses deux salariés (*cf.* fiches n°s 25-26). Cette fois-ci, on suppose que :

- le 10/02/N, Alpha a versé un acompte de 230 € à M. Y ;
- M. X a une opposition de 380 € sur son salaire ;
- le 28/02/N, l'entreprise verse les salaires nets aux salariés ;
- le 15/03/N, elle paie les organismes sociaux.

B - Enregistrement de l'acompte

Le 10/02/N, Alpha enregistre le paiement de l'acompte de 230 € à M.Y de la façon suivante :

		10/02/N		
425		Personnel-avances et acomptes	230	
	512	Banque		230

C - Enregistrement de la paie

Étant donné le paiement de l'avance et l'opposition sur le salaire de M.X, l'écriture comptable liée à l'enregistrement de la paie est différente de celle présentée dans la fiche n°25 :

		25/02/N		
641		Rémunération du personnel	4 500	
	421	Personnel-rémunération due		4 500
421		Personnel-rémunération due	1 573,82	
	431	Sécurité sociale		677,33
	437	Autres organismes sociaux		286,49
	425	Personnel-avances et acomptes		230
	427	Personnel-oppositions		380

On constate que :
- dans le cas classique présenté dans la fiche n° 25, le compte 421 présentait un solde créditeur de 3 536,18 € correspondant à la somme des deux salaires nets ;
- à la lecture de l'écriture précédente, le compte 421 apparaît créditeur de 2 926,18 € ; cette somme est la différence entre les deux salaires nets et la somme de l'acompte versé et de l'opposition effectuée.

D - Versement des salaires

Le 25/02/N, l'entreprise paie ses salariés. Elle leur verse leur salaire net diminué de l'acompte pour M.Y et du montant de l'opposition pour M.X :

		28/02/N		
421		Personnel-rémunération due	2 926,18	
	512	Banque		2 926,18

Le compte 421 se trouve soldé : l'entreprise ne doit plus rien à ses salariés au titre du mois de février.

E - Le paiement des cotisations sociales

Le 15/03/N, l'entreprise règle ses dettes envers les organismes sociaux. Ces dettes concernent l'ensemble des charges sociales, c'est-à-dire salariales et patronales. Cette opération se traduit par le solde des comptes 431 et 437.

Le 25/02/N, l'entreprise avait enregistré une dette totale envers la Sécurité sociale de 1 952,49 € :

- 677,33 € au titre des charges salariales.
- 1 275,16 € au titre des charges patronales.

Le 25/02/N, l'entreprise avait enregistré une dette totale envers les autres organismes sociaux de 759,63 € :

- 286,49 € au titre des charges salariales.
- 473,14 € au titre des charges patronales.

Au moment du règlement, l'enregistrement comptable est le suivant :

		15/03/N		
431		Sécurité sociale	1 952,49	
437		Autres organismes sociaux	759,63	
	512	Banque		2 712,12

Fiche 28

LES IMMOBILISATIONS

I - ÉLÉMENTS DE DÉFINITION

A - Le passage aux nouvelles règles

En 2005, deux nouveaux règlements ont été intégrés dans le Plan comptable général. Ces textes, calqués sur les normes internationales IFRS, impliquent des changements profonds dans le suivi des actifs de l'entreprise, notamment lors de l'acquisition (*voir fiche 29*) et du calcul de l'amortissement (*voir fiche 37 et suivantes*).

B - Qu'est-ce qu'un actif immobilisé ?

Le décret comptable définit l'actif immobilisé comme l'ensemble des éléments destinés à servir de façon durable à l'activité de l'entreprise.

De façon plus précise, pour être comptabilisé en immobilisation, un investissement doit :
– être identifiable ;
– être porteur d'avantages économiques futurs que l'entreprise contrôle ;
– avoir un coût ou une valeur que l'on peut évaluer avec une fiabilité suffisante ;
– pouvoir être utilisé de manière durable.

Ainsi, les dépenses qui ne répondent pas à ces conditions cumulées et qui ne sont pas attribuables au coût d'acquisition ou au coût de production sont comptabilisées en charge.

II - LES IMMOBILISATIONS INCORPORELLES ET CORPORELLES

A - Les immobilisations incorporelles

Ces immobilisations sont enregistrées dans le compte 20. Les principales immobilisations incorporelles sont les suivantes :

- les frais d'établissement (201) : ce sont des frais concernant la création ou le développement de l'entreprise qui peuvent être inscrits à l'actif du bilan en vue de les amortir (frais de constitution, frais de prospection…) ;
- les frais de recherche et de développement (203) : ce sont des charges d'exploitation qui peuvent exceptionnellement être portées à l'actif du bilan si :

– la dépense est nettement individualisée,

– le projet est jugé rentable ;

- les concessions, brevets, licences… (205) : frais engagés auprès de l'INPI (Institut national de la protection industrielle) et, plus généralement, toutes les dépenses liées à la protection du bénéficiaire d'un droit d'exploitation ;
- le droit au bail (206) : somme versée au locataire précédent lors de la transmission d'une location ;
- le fonds commercial (207) : éléments incorporels (clientèle, enseigne…) qui concourent au maintien et au développement de l'activité de l'entreprise.

B - Les immobilisations corporelles

Elles s'enregistrent dans le compte 21. Ce sont des biens corporels dont l'entreprise est devenue propriétaire par acquisition ou par réalisation. La liste de ces immobilisations est la suivante :

- terrains (211) ;
- agencements et aménagements de terrains (212) ;
- constructions :
  - sur le propre terrain de l'entreprise, qu'elle soit locataire ou propriétaire (213),
  - sur sol d'autrui (214) ;
- installations techniques, matériel et outillage industriels (215) ;
- autres immobilisations corporelles (218), dont :
  - matériel de transport (2182),
  - matériel de bureau (2183),
  - mobilier (2184).

III - Les autres immobilisations

A - Les immobilisations en cours

Elles sont enregistrées dans le compte 23. Ce sont des immobilisations non terminées à la fin d'un exercice comptable :

- immobilisations créées par l'entreprise et non terminées à la date d'inventaire ;
- immobilisations en cours de construction et pour lesquelles les travaux confiés à des tiers ne sont par terminés à l'inventaire.

B - Les immobilisations financières

Parmi les immobilisations financières, le PCG distingue :

- les participations et créances rattachées à des participations (26) ;
- les autres immobilisations financières (27).

Ces éléments sont présentés dans la fiche n° 31.

Fiche 29

L'ACQUISITION DES IMMOBILISATIONS

I - ÉVALUATION

Les règles d'évaluation des immobilisations à leur date d'entrée dans le patrimoine de l'entreprise varient selon qu'elles sont acquises à titre onéreux ou selon des modalités particulières (*voir fiche 30*).

En ce qui concerne les immobilisations acquises à titre onéreux, les règles relatives à la détermination du coût d'acquisition sont précises.

A - Le coût d'acquisition

La valeur retenue est le coût d'acquisition de l'immobilisation. Désormais, ce coût comprend :

- le prix d'achat, y compris les droits de douane et les taxes non récupérables, après déduction des remises, rabais commerciaux et escomptes de règlement ;
- le coût de démantèlement, d'enlèvement et de restauration de site.

B - Éléments pouvant, sur option, être inclus dans le coût d'acquisition

Il est possible d'opter pour l'inclusion dans le coût d'entrée de l'immobilisation :

- des intérêts de capitaux empruntés pour financer les biens concernés ;
- des droits de mutation, honoraires ou commissions et frais d'actes liés à l'acquisition.

C - Les frais non pris en compte

Tous les coûts qui ne font pas partie du prix d'acquisition, ou qui n'y ont pas été rattachés, doivent être comptabilisés en charge.

II - LA COMPTABILISATION

A - Le cas classique

L'acquisition d'une immobilisation s'enregistre comme suit :

- débit du compte de la classe 2 concerné pour le coût d'acquisition HT (si la TVA est récupérable) ;
- débit du compte 44562 « TVA déductible - immobilisations », pour le montant de la TVA (calculée sur la totalité du coût d'acquisition et non pas uniquement sur le coût d'achat) car il s'agit d'une dépense liée à l'investissement ;
- crédit d'un compte financier (achat au comptant) ou du compte 404 « Fournisseurs d'immobilisations » pour le coût d'acquisition TTC (si un effet de commerce a été accepté, l'entreprise crédite le compte 405 « Fournisseurs d'immobilisations - effets à payer »).

B - Le versement d'une avance

Le versement d'une avance pour l'acquisition d'une immobilisation s'enregistre :

- au débit du compte 237 « Avances et acomptes versés sur immobilisations incorporelles » ou 238 « Avances et acomptes versés sur commandes d'immobilisations corporelles » ;
- au crédit du compte 512.

L'acquisition est soumise au régime de la TVA sur les livraisons qui ne sera établie que lors de la facturation. A cette date, l'enregistrement comptable sera :

- débit du compte d'immobilisation pour le prix d'acquisition HT ;
- débit du compte 44562 du montant de la TVA déductible ;
- crédit du compte 237 ou 238 du montant de l'avance : le compte est soldé ;
- crédit du compte de tiers ou d'un compte financier de la différence entre le prix d'acquisition TTC et l'avance.

Ces deux règles de comptabilisation permettent de faire apparaître le coût d'acquisition de l'immobilisation au débit du compte de la classe 2 concerné.

De plus, on constate que la trésorerie de l'entreprise est affectée au moment du versement de l'avance et à la date de livraison, qui est la date d'entrée du bien dans le patrimoine de l'entreprise.

C - Comptabilisation par composants

Il est désormais possible de comptabiliser des composants d'un actif plutôt que son ensemble.

En effet, les éléments des immobilisations qui doivent être remplacés régulièrement, et qui ont des utilisations différentes, doivent être comptabilisés séparément dès l'origine et faire l'objet d'un plan d'amortissement propre.

En revanche, lorsque les éléments d'un actif sont exploités de façon indissociable, une comptabilisation unique dès l'origine est adoptée et un plan d'amortissement unique est retenu.

III - APPLICATION

A - Énoncé

L'entreprise Epsilon a acquis :

- le 08/04/N un terrain pour une valeur de 500 000 €. Elle a payé 50 000 € au comptant et le reste à crédit, dont la moitié par effets de commerce à 7 mois. Les frais notariaux se sont montés à 63 000 €, dont 50 000 € de frais d'enregistrement, ces frais sont payés au comptant et comptabilisés en charge ;
- le 06/06/N un matériel industriel. Le prix d'acquisition HT est de 25 000 €. À la date de commande, le 22/04/N, Epsilon avait versé une avance de 3 000 €. Cette acquisition a entraîné des frais d'installation pour un montant de 500 €. 3 500 € sont réglés comptant et le reste bénéficie d'un crédit de 3 mois ;
- le 11/07/N une voiture particulière pour une valeur de 18 000 € TTC, dont 1 000 € d'équipements et accessoires. Il s'agit d'un achat à crédit.

La TVA à prendre en compte est de 19,60 %.

B - Écritures comptables

1. Le terrain

La valeur d'acquisition du terrain est son prix d'achat HT puisque les frais notariaux ne peuvent pas être considérés comme des frais accessoires. L'enregistrement comptable est :

	08/04/N		
211	Terrains	500 000	
622	Rémunérations d'intermédiaires et honoraires	13 000	
63	ITVA	50 000	
44562	TVA déductible	98 000	

	512	Banque		113 000
	404	Fournisseurs d'immobilisations		274 000
	405	Fournisseurs d'immobilisations-effets à payer		274 000

La TVA n'est due que sur le prix HT du terrain.

2. Le matériel industriel

Au moment du versement de l'avance, l'écriture comptable suivante a été passée :

22/04/N

238		Avances et acomptes sur commandes	3 000	
	512	Banque		3 000

À la réception du matériel et de la facture, l'enregistrement est le suivant :

06/06/N

215		Installations techniques, matériel et outillage industriels	25 500	
44562		TVA déductible (immobilisation)	4 998	
	512	Banque		3 500
	404	Fournisseurs d'immobilisations		23 998
	238	Avances et acomptes sur commandes		3 000

La TVA est calculée sur le prix d'acquisition, qui comprend les frais d'installation.

3. Le véhicule particulier

La TVA sur l'achat de véhicules particuliers n'est pas récupérable. Il en est de même pour les équipements et accessoires du véhicule, que ceux-ci soient ou non livrés avec.

L'enregistrement comptable est :

11/07/N

2182		Matériel de transport	18 000	
	404	Fournisseurs d'immobilisations		18 000

Fiche 30

LES IMMOBILISATIONS : CAS PARTICULIERS

I - LES IMMOBILISATIONS LIVRÉES À SOI-MÊME

A - PRINCIPE

1. Définition

On entend par immobilisations produites par l'entreprise (livrées à soi-même) :

- celles créées uniquement par l'entreprise ;
- celles en partie sous-traitées ;
- celles totalement sous-traitées, mais dont l'entreprise reste le maître d'œuvre.

2. Évaluation

La valeur retenue est le coût de production de l'immobilisation. Ce coût comprend :

- le coût d'achat des matières consommées pour la fabrication ;
- les charges directes de production ;
- les charges indirectes de production, c'est-à-dire les charges ou fractions de charges rattachées à la production du bien.

Les coûts d'emprunt peuvent être rattachés au coût de production si l'actif concerné nécessite une longue période de préparation ou de construction avant d'être utilisé.

3. Comptabilisation

L'enregistrement comptable consiste à :

- débiter le compte d'immobilisations concerné du coût de production du bien HT ;
- créditer le compte de produits 72 « Production immobilisée » de ce même montant.

En effet, les immobilisations livrées à soi-même constituent un enrichissement pour l'entreprise : il n'y a aucun mouvement financier.

De plus, l'entreprise étant assujettie à la TVA, elle enregistre la TVA collectée en tant que fournisseur et la TVA déductible en tant que client.

B - Exemple

Une entreprise informatique construit des ordinateurs pour elle-même. Le 30/10/N, l'entreprise enregistre la livraison des biens. Le coût de production global est de 35 000 € (TVA à 19,60 %).
L'enregistrement comptable est le suivant :

		30/10/N		
2183		Matériel informatique	35 000	
44562		TVA déductible	6 860	
	72	Production immobilisée		35 000
	44571	TVA collectée		6 860

II - Les immobilisations acquises à titre gratuit ou par voie d'échange

Ces actifs sont comptabilisés à leur valeur vénale. Cette valeur correspond au montant, qui pourrait être obtenu à la date de clôture, de la vente d'un actif lors d'une transaction à des conditions normales de marché, net des coûts de sortie.

III - Les petits matériels et outillages

A - La comptabilisation

Selon le PCG, les éléments non significatifs peuvent ne pas être comptabilisés à l'actif du bilan. Sans plus de précision, ce sont les seuils fiscaux qui s'appliquent.

Les petits matériels et outillage ayant une faible valeur unitaire (inférieure à 500 € HT) ne sont pas inscrits dans un compte d'immobilisation, mais dans le compte de charge 606 « Achats non stockés de matières et fournitures ».

B - Exemple

Le 13/05/N, l'entreprise Alpha a acheté au comptant 5 corbeilles à papier d'une valeur unitaire de 10 € (TVA à 19,60 %).
L'enregistrement comptable est le suivant :

		13/05/N		
6068		Autres matières et fournitures	50	
4456		TVA déductible	9,80	
	512	Banque		59,80

Fiche 31

LES TITRES

I - LES DIFFÉRENTS TITRES

A - Nature juridique des titres

1. Titres de propriété

Selon la forme juridique de la société, on trouve :

- les actions, qui représentent la propriété d'une fraction du patrimoine des sociétés de capitaux ;
- les parts sociales, qui représentent une fraction du patrimoine des sociétés de personnes.

Les actionnaires et les associés sont propriétaires de l'entreprise.

2. Titres de créance

Pour se procurer des fonds, les entreprises peuvent émettre un emprunt obligataire. Il s'agit d'un emprunt divisé en titres : les obligations.

Les obligataires ont une créance sur l'entreprise : ils seront remboursés du montant investi dans l'entreprise.

B - Nature comptable des titres

1. Les titres de participation

Ces sont des actions ou des parts sociales d'une société détenues durablement par une autre société. Cette possession est jugée utile à l'activité de l'entreprise acquéreuse.

L'acquisition de titres de participation peut se traduire par :

- une prise de contrôle ;
- une prise de participation (les titres acquis doivent représenter au moins 10 % du capital de la société émettrice).

2. Les autres titres immobilisés

Comme les titres de participation, ce sont des titres détenus de façon durable par l'entreprise mais leur possession n'est pas jugée utile à son activité.

Il peut s'agir de titres détenus sous une contrainte juridique, tel un nantissement.

3. Les valeurs mobilières de placement (VMP)

Selon le PCG, ce sont des « titres acquis en vue de réaliser un gain à brève échéance ». Ces titres représentent moins de 10 % du capital de la société émettrice. Leur détention peut permettre à l'entreprise de :

- gérer sa trésorerie ;
- percevoir des revenus ;
- réaliser des plus-values.

II - L'ACQUISITION DES TITRES

A - L'évaluation

Les titres sont comptabilisés à leur coût d'acquisition. Pour les trois types de titres présentés ci-dessus, le coût d'achat est :

- le cours de Bourse auquel ils ont été achetés, s'il s'agit de titres cotés ;
- la valeur déterminée par les termes du contrat d'acquisition, pour les sociétés non cotées.

Les frais accessoires d'acquisition ne sont pas incorporés dans le coût d'achat.

L'évaluation des obligations répond aux règles du calcul obligataire.

B - La comptabilisation

1. Les comptes concernés

Les titres immobilisés sont enregistrés dans un compte d'immobilisations :

- compte 261 : titres de participation ;
- compte 267 : créances rattachées à des participations (prêts octroyés à des sociétés dans lesquelles l'entreprise prêteuse détient une participation) ;
- compte 271 : titres immobilisés (droit de propriété) ;
- compte 272 : titres immobilisés (droit de créance).

Les valeurs mobilières de placement sont enregistrées dans un compte financier :

- compte 503 : actions ;
- compte 506 : obligations.

2. Comptabilisation de l'acquisition

S'il s'agit de titres immobilisés :

- on débite le compte de la classe 2 concerné du coût d'achat ;
- on débite le compte 6271 « Frais sur titres » du montant HT des frais accessoires ;
- on débite le compte 44566 « TVA déductible sur autres biens et services » du montant de la TVA calculée sur les frais accessoires ;
- on crédite le compte 512 de la somme des trois montants précédents.

S'il s'agit de VMP, l'écriture comptable est similaire, sauf que le compte débité du coût d'acquisition des titres est le compte 50.

C - Exemple

1. Titres immobilisés

Le 12/02/N, l'entreprise Rho acquiert 1 500 actions de la société Thêta en vue de participer à la gestion de cette dernière. Le cours de l'action est alors de 232 €. Les frais d'achat sont de 3 735 € (TVA à 19,60 %). La dépense est immédiatement réglée.

L'enregistrement comptable est le suivant :

	12/02/N		
261	Titres de participation	348 000	
6271	Frais sur titres	3 735	
44566	TVA déductible	732,06	
512	Banque		352 467,06

2. Valeurs mobilières de placement

Le 17/02/N, l'entreprise Rho achète dans un but spéculatif 100 actions de la société Lambda. Le cours de Bourse est de 106 €. Les frais d'acquisition sont de 320 € (TVA à 19,60 %). La dépense est immédiatement réglée.

L'enregistrement comptable est le suivant :

	17/02/N		
503	Actions	10 600	
6271	Frais sur titres	320	
44566	TVA déductible	62,72	
512	Banque		10 982,72

III - LES REVENUS DES TITRES

A - Comptabilisation

Les titres détenus par l'entreprise lui procurent des revenus dont la forme varie selon le titre (dividendes ou intérêts).

Ces revenus sont comptabilisés au crédit du compte 76 « Produits financiers » :

- compte 761 : produits de participations ;
- compte 762 : produits des autres immobilisations financières ;
- compte 764 : produits de VMP.

La contrepartie est le compte banque.

B - Exemple

Le 08/06/N + 1, l'entreprise Rho perçoit le coupon mis en distribution par la société Thêta. Ce coupon est de 6,50 € par action détenue (Rho détient 1 500 actions Thêta).

L'enregistrement comptable est le suivant :

		08/06/N+1		
512		Banque	9 750	
	761	Produits de participations		9 750

PARTIE III

LES OPÉRATIONS DE RÉGULARISATION

Fiche 32

LES STOCKS DE MARCHANDISES

I - LA TENUE DES STOCKS EN COMPTABILITÉ GÉNÉRALE

En comptabilité générale, les entreprises recourent généralement à la méthode de l'inventaire intermittent.

A - Le principe

1. L'inventaire permanent

Lorsque l'entreprise tient un inventaire permanent, chaque mouvement de stock est enregistré :

■ Un achat de marchandises à crédit est enregistré de la façon suivante :
- débit du compte 37 « Stocks de marchandises » (valeur HT) ;
- débit du compte « TVA déductible » (montant de la TVA) ;
- crédit du compte 401 « Fournisseurs » (montant TTC).

Les achats sont mis en stocks.

■ Une vente de marchandises à crédit est enregistrée de la façon suivante :
- débit du compte 411 « Clients » pour le prix de vente TTC ;
- crédit du compte 37 « Stocks de marchandises » pour le coût d'achat HT des marchandises vendues ;
- crédit du compte 707 « Ventes de marchandises » pour la marge HT réalisée sur l'opération (vente HT - coût d'achat HT) ;
- crédit du compte 4457 « TVA collectée » pour le montant de la TVA sur la vente.

La marge réalisée sur la vente apparaît directement au crédit du compte 707.

2. L'inventaire intermittent

Dans le cadre de l'inventaire intermittent, l'entreprise n'utilise pas les comptes de stocks (classe 3) pendant l'exercice. La méthode consiste à comptabiliser en cours d'exercice les achats de marchandises au débit du compte 607 « Achats de marchandises » et les ventes au crédit du compte 707 « Ventes de marchandises » :

■ un achat de marchandises à crédit est enregistré de la façon suivante :
- débit du compte 607 « Achats de marchandises » (valeur HT) et du compte 4456 « TVA déductible »,
- crédit du compte 401 « Fournisseurs » (montant TTC) ;

- une vente de marchandises à crédit est enregistrée de la façon suivante :

  – débit du compte 411 « Clients » pour le prix de vente TTC,

  – crédit du compte 707 « Stock de marchandises » pour le montant de la vente HT et du compte 4457 « TVA collectée » pour le montant de la TVA sur la vente.

B - Exemples

Au 1er janvier, le stock de marchandises de l'entreprise Oméga est de 1 100 €. Pendant le mois de janvier N, l'entreprise effectue chronologiquement les deux opérations suivantes (la TVA est à 19,60 %) :

– vente de marchandises à crédit pour 3 000 € HT dont le coût d'achat se montait à 2 000 € HT ;
– achat de marchandises à crédit pour 1 500 € HT.

1. Inventaire permanent

411		Clients	3 588	
	37	Stocks de marchandises		2 000
	707	Ventes de marchandises		1 000
	4457	TVA collectée		588
37		Stocks de marchandises	1 500	
4456		TVA déductible	294	
	401	Fournisseurs		1794

2. Inventaire intermittent

411		Clients	3 588	
	707	Ventes de marchandises		3 000
	4457	TVA collectée		588
607		Stocks de marchandises	1 500	
4456		TVA déductible	294	
	401	Fournisseurs		1794

3. Comparaison des résultats comptables

Dans le cadre de l'inventaire permanent, l'activité de la période permet de dégager un résultat égal à 1 000. Dans le cadre de l'inventaire intermittent, le résultat sur la période est de 1 500 (3 000 – 1 500). D'où provient cette différence ?

II - LA RÉGULARISATION DES STOCKS EN FIN D'EXERCICE

A - La correction des hypothèses

1. Énoncé des hypothèses

Lorsque l'entreprise tient ses stocks de marchandises par intermittence, elle admet trois hypothèses :

- les marchandises achetées pendant l'exercice sont revendues pendant ce même exercice ;
- seules les marchandises achetées pendant l'exercice seront revendues ;
- la marge réalisée correspond au prix de vente multiplié par les quantités vendues.

2. La régularisation de fin d'exercice

Les hypothèses qui ont été admises dans le cadre de la tenue par intermittence du stock de marchandises doivent être corrigées à la fin de l'exercice.

■ La charge effective doit correspondre au coût d'achat des marchandises vendues pendant l'exercice ; pour cela il faut :

– débiter le compte 6037 « Variation du stock de marchandises » du montant du stock initial par le crédit du compte 37 ;

– créditer le compte 6037 du montant du stock final par le débit du compte 37.

■ Si le solde du compte 6037 est débiteur (SI – SF > 0), ceci signifie que l'entreprise a vendu pendant l'exercice plus de marchandises qu'elle n'en a acheté : le coût d'achat des marchandises vendues est supérieur aux achats de la période.

■ Si le solde du compte 6037 est créditeur (SI – SF < 0), ceci signifie que l'entreprise n'a pas vendu toutes les marchandises acquises durant l'exercice : le coût d'achat des marchandises vendues est inférieur aux achats de la période.

■ À la fin de l'exercice, le compte 37 est débiteur et ce débit correspond à la valeur du stock final de marchandises.

B - EXEMPLE (SUITE)

1. Détermination du stock final

Coût d'achat = achat + (SI – SF).

SF = achats + SI – coût d'achat.

SF = 1 500 + 1 000 – 2 000 = 500.

2. La régularisation du stock à la fin de la période

6037		1 000	
	37		1 000
37		500	
	6037		500

Le compte 6037 est débiteur de 500 : l'entreprise a vendu pendant le mois de janvier une partie du stock de l'année précédente. La charge effective à prendre en compte est de (1 500 + 500). Ainsi le résultat est 1 000, comme lorsque l'entreprise tient ses comptes en permanence.

Fiche 33

LES STOCKS DE MATIÈRES PREMIÈRES ET DE PRODUITS FINIS

I - L'ENREGISTREMENT COMPTABLE

De la même façon que pour les stocks de marchandises, la tenue des stocks de matières premières et de produits finis se fait de façon intermittente en comptabilité générale. Ainsi, pendant l'exercice comptable, l'entreprise fait des hypothèses qui doivent être corrigées au moment de l'inventaire.

A - Les matières premières

1. Principe

Pendant l'exercice comptable, les achats de matières premières sont enregistrés au débit du compte 601 par le crédit du compte de situation concerné. L'entreprise fait l'hypothèse que les matières premières achetées pendant l'exercice seront consommées pendant cet exercice. Or, l'entreprise peut consommer plus ou moins de matières premières que celles qui ont été achetées pendant la période.

2. Comptabilisation

La correction de l'hypothèse précédente en fin d'exercice a pour objectif de déterminer la charge correspondant à la consommation effective de matières premières.

L'enregistrement comptable à l'inventaire est le suivant :

- crédit du compte 31 « Stocks de matières premières » par le débit du compte 6031 « Variation des stocks de matières premières » pour le montant du stock en début d'exercice ;
- débit du compte 31 par le crédit du compte 6031 pour le montant du stock de matières premières en fin d'exercice.

Le solde du compte 6031 s'analyse de la façon suivante :

- un solde débiteur signifie que le stock initial est supérieur au stock final et que l'entreprise a consommé plus de matières premières qu'elle n'en a acheté pendant l'exercice : la charge enregistrée pendant la période est augmentée et le résultat diminue ;
- un solde créditeur signifie que le stock final est supérieur au stock initial et que l'entreprise a consommé moins de matières premières qu'elle n'en a acheté sur la période : la charge enregistrée pendant l'exercice est diminuée et le résultat augmente.

B - Les produits finis

1. Principe

Pendant l'exercice comptable, les ventes de produits finis sont enregistrées au crédit du compte 701 « Ventes de produits finis ».

L'entreprise fait l'hypothèse que :

- les produits fabriqués pendant l'exercice sont vendus pendant cette période ;
- le prix de vente correspond à la marge réalisée.

L'enregistrement des charges et la régularisation des stocks de matières premières permettent de corriger la seconde hypothèse.

En ce qui concerne la première, il faut comptabiliser la production effective, c'est-à-dire tenir compte du fait que l'entreprise a pu vendre pendant l'exercice plus ou moins que la production réalisée.

2. Comptabilisation

La correction de la première hypothèse nécessite l'enregistrement comptable suivant :

- crédit du compte 35 « Stocks de produits finis » par le débit du compte 7135 « Variation des stocks de produits finis » pour le montant du stock en début d'exercice ;
- débit du compte 35 par le crédit du compte 7135 pour le montant du stock de produits finis en fin d'exercice.

Le solde du compte 7135 s'analyse de la façon suivante :

- un solde débiteur signifie que le stock initial est supérieur au stock final, c'est-à-dire que la production de l'exercice a été inférieure aux ventes qui ont été en partie réalisées grâce aux stocks de la période précédente : ce solde débiteur correspond à une diminution des produits enregistrés et donc à une diminution du résultat de l'exercice ;
- un solde créditeur signifie que le stock final est supérieur au stock initial et que l'entreprise a vendu moins de produits qu'elle n'en a fabriqué : la production effective étant supérieure aux ventes, les produits augmentent, entraînant une hausse du résultat de la période.

II - APPLICATION

L'entreprise Rho tient ses comptes par intermittence. Au 31/12/N, après inventaire, les comptes de stocks en euros se présentent comme suit :

	DÉBIT	CRÉDIT
Stocks de matières premières	180 000	80 000
Stocks de produits finis	63 000	33 000

A - LA VARIATION DU STOCK DE MATIÈRES PREMIÈRES

Les montants figurant au débit et au crédit du compte 31 « Stocks de matières premières » ont été obtenus après correction de l'hypothèse selon laquelle l'entreprise a consommé pendant l'exercice toutes les matières premières achetées sur la période.

Avant l'opération d'inventaire, le compte 31 présentait un solde débiteur correspondant au montant du stock initial de matières premières.

L'écriture de régularisation a consisté à annuler ce stock initial par le débit du compte 6031 et à enregistrer le nouveau stock. L'écriture comptable qui a été passée est la suivante :

		31/12/N		
6031		Variation stocks de MP	80 000	
	31	Stocks de MP		80 000
31		Stocks de MP	100 000	
	6031	Variation stocks de MP		100 000

Après l'écriture d'inventaire, le solde du compte 31 est débiteur de 100 000 (au débit figure la somme du stock initial et du stock final et au crédit apparaît le stock final), montant correspondant au stock final de matières premières. La variation de stock est de :

$$SI - SF = 80\,000 - 100\,000 = -20\,000.$$

Cette variation correspond à un solde créditeur du compte 6031 : l'entreprise a consommé moins de matières premières qu'elle n'en a acheté. Ceci se traduit par une diminution des charges et donc par une augmentation du résultat.

B - LA VARIATION DU STOCK DE PRODUITS FINIS

Les montants figurant au débit et au crédit du compte 35 « Stocks de produits finis » ont été obtenus après correction de l'hypothèse selon laquelle l'entreprise a vendu pendant l'exercice tous les produits finis fabriqués sur la période. Avant l'opération d'inventaire, le compte 35 présentait un solde débiteur correspondant au montant du stock initial de produits finis. L'écriture de régularisation a consisté à annuler ce stock initial par le débit du compte 7135 et à enregistrer le nouveau stock. L'écriture comptable qui a été passée est la suivante :

		31/12/N		
7135		Variation stocks de PF	33 000	
	35	Stocks de PF		33 000
35		Stocks de PF	30 000	
	7135	Variation stocks de MP		30 000

Le stock initial de produits finis était de 33 000. La reconstitution de l'écriture de régularisation permet de déterminer que le stock final de produits finis est de 30 000. On vérifie que le compte 35 a bien un solde débiteur correspondant au stock final de produits finis.

La variation de stock de produits finis est :

$$SF - SI = 30\,000 - 33\,000 = -\,3\,000.$$

Cette variation négative signifie que l'entreprise a écoulé une partie des stocks des périodes précédentes : la production effective est inférieure aux ventes réalisées. Étant donné que les produits doivent correspondre à la production de l'exercice, on diminue ces derniers du montant de la variation négative du stock. En effet, le solde du compte 7135 est débiteur de 3 000, entraînant une diminution du résultat de la période.

Fiche 34

LES CHARGES À PAYER

I - PRINCIPE

Le découpage de la vie des entreprises en exercices comptables nécessite d'imputer à un exercice donné les charges qui lui sont propres. Cependant, il n'y a pas forcément coïncidence entre l'aspect financier et l'aspect économique d'une opération.

A - Définition

Les charges à payer sont des charges connues de façon certaine à la fin de l'exercice mais pour lesquelles la pièce comptable justificative ne parviendra à l'entreprise qu'au cours de l'exercice suivant.

Il en est ainsi des opérations suivantes :

- des achats de marchandises ou de matières premières dont la livraison est antérieure à la clôture de l'exercice et la réception de la facture postérieure à cette date ;
- des réductions à accorder à des clients sur des livraisons effectuées au cours de l'exercice mais pour lesquelles la facture d'avoir ne sera reçue par le destinataire qu'après la date de clôture de l'exercice ;
- des commissions à payer et pour lesquelles l'entreprise n'a pas reçu la facture correspondante à la fin de l'exercice ;
- etc.

Toutes ces charges doivent être imputées à l'exercice qui s'achève alors que la trésorerie de l'entreprise ne sera affectée qu'au cours de l'exercice suivant.

B - Principe de comptabilisation

1. La régularisation en fin N

- En fin d'exercice, les charges à payer sont réintégrées au crédit des comptes de bilan concernés par le débit des comptes de la classe 6 correspondants ;
- pour toutes les opérations assujetties à la TVA, cette dernière s'enregistre dans un compte de TVA à régulariser. En effet, le droit à déductibilité de la TVA n'est acquis que lorsque la taxe devient exigible chez le vendeur, soit au moment de la facturation.

Les comptes de régularisation sont présentés dans le tableau ci-dessous :

Comptes de charges à débiter (HT)	Comptes de bilan à créditer (TTC)
60 Achats 61-62 Autres charges externes	408 Fournisseurs - factures non parvenues
63 ITVA	4486 État - charges à payer
64 Charges de personnel	428 Personnel - charges à payer 438 Organismes sociaux - charges à payer
65 Autres charges de gestion courante	468 Créditeurs divers - charges à payer
66 Charges financières	1688 Emprunts - intérêts courus 4088 Fournisseurs - intérêts courus 5186 Banques - intérêts courus 5198 Concours bancaires - intérêts courus
709 RRR accordés par l'entreprise	4198 RRR à accorder et autres avoirs à établir

2. La contrepassation en début N + 1

Au début de l'exercice suivant, il est nécessaire d'annuler l'opération de régularisation enregistrée lors de l'inventaire précédent. Ceci permet d'éviter que la charge soit supportée également par l'exercice N + 1 lorsque la pièce justificative sera enregistrée par l'entreprise.

Pour cela, il suffit d'inverser l'opération comptabilisée à l'inventaire :

– on crédite le compte de charge qui avait été débité à la fin de l'exercice précédent ;

– on débite le compte de bilan qui avait été crédité à la fin de l'exercice précédent : ce compte se trouve soldé.

3. La comptabilisation de la charge en N

Lorsque l'entreprise reçoit la facture, elle doit l'enregistrer en comptabilisant normalement la charge. À ce moment-là, la TVA devient déductible. De plus, le compte de charge concerné se trouve soldé grâce à l'écriture de contrepassation qui a été préalablement enregistrée.

II - EXEMPLES

Considérons l'entreprise Alpha, dont l'exercice comptable coïncide avec l'année civile.

A - Cas général

Le 27 décembre N, l'entreprise a pris livraison de 15 000 € de matières premières (TVA à 19,60 %) mais, au 31 décembre, la facture du fournisseur n'est pas encore parvenue. Elle parvient à l'entreprise le 15/01/N + 1.

1. La régularisation fin N

		31/12/N		
601		Achats de matières premières	15 000	
44586		Taxes sur le CA sur factures non parvenues	2 940	
	408	Fournisseurs - factures non parvenues		17 940

2. La contrepassation début N + 1

		1/01/N + 1		
408		Fournisseurs-factures non parvenues	17 940	
	601	Achats de matières premières		15 000
	44586	Taxes sur le CA sur factures non parvenues		2 940

Le compte 408 se trouve soldé.

3. La comptabilisation le 15/01/N + 1

		31/12/N		
601		Achats de matières premières	15 000	
4456		TVA déductible	2 940	
	401	Fournisseurs		17 940

Le compte 601 est soldé : la charge n'est pas supportée par l'exercice N + 1 puisqu'elle l'a été par l'exercice N. En revanche la trésorerie de l'entreprise n'est affectée qu'en N + 1.

B - Le cas des RRR à accorder

À la fin de l'exercice N, il est prévu d'accorder une ristourne de 500 € (TVA à 19,60 %) au client X qui avait effectué une commande très importante. Cependant, la facture d'avoir n'a été reçue par le client que le 18 janvier N + 1.

1. Régularisation fin N

Les RRR à obtenir sont enregistrés au débit du compte de produits 709 « RRR accordés » par le crédit du compte 4198 « RRR à accorder ». Au lieu de comptabiliser cette perte en charge, on l'enregistre comme une diminution de produits. De plus, le solde du compte 4198 s'inscrit au bilan dans la rubrique « Autres dettes », et non en diminution de l'actif.

		31/12/N		
709		RRR accordés	500	
44587		Taxes sur le CA sur facture à établir	98	
	4198	RRR à accorder		598

2. La contrepassation début N + 1

		1/01/N + 1		
4198		RRR à accorder	598	
	709	RRR accordés		500
	44587	Taxes sur le CA sur facture à établir		98

Le compte 4198 est soldé.

3. La comptabilisation le 15/01/N + 1

		18/01/N + 1		
709		RRR accordés	500	
4457		TVA collectée	98	
	411	Client X		598

Le compte 709 est soldé.

Fiche 35

LES PRODUITS À RECEVOIR

I - PRINCIPE

Le découpage de la vie des entreprises en exercices comptables nécessite d'imputer à un exercice donné les produits qui lui sont propres.

A - DÉFINITION

Comme les charges à payer, les produits à recevoir sont des produits connus de façon certaine à la fin de l'exercice mais pour lesquels la pièce comptable justificative ne parviendra à l'entreprise qu'au cours de l'exercice suivant.

Il en est ainsi des opérations suivantes :

- une vente de produits finis a été réalisée avant la clôture de l'exercice mais l'entreprise n'a pas encore établi la facture correspondante ;
- un des fournisseurs de l'entreprise lui a promis un rabais de 3 % sur la dernière livraison reçue mais la facture d'avoir n'est pas parvenue à la date de clôture.

B - PRINCIPE DE COMPTABILISATION

1. La régularisation en fin N

En fin d'exercice, les produits à recevoir sont réintégrés au dédit des comptes de bilan concernés par le crédit des comptes de la classe7 correspondants.

Les comptes de régularisation sont présentés dans le tableau ci-dessous :

Comptes de bilan à débiter (TTC)	Comptes de produits à créditer (HT)
4181 Clients-factures à établir	70 Ventes
441 État-subventions à recevoir 4487 État-produits à recevoir	74 Subventions d'exploitation
468 Débiteurs divers-produits à recevoir	75 Autres produits de gestion courante

Comptes de bilan à débiter (TTC)	Comptes de produits à créditer (HT)
2768 Autres immobilisations financières-intérêts courus 4188 Clients-intérêts courus 508 VMP-intérêts courus 5187 Banques-intérêts courus à recevoir	76 Produits financiers
4098 RRR à obtenir et autres avoirs non encore perçus	609 RRR obtenus sur achats 619 RRR obtenus sur services extérieurs 629 RRR obtenus sur autres services extérieurs

2. La contrepassation en début N + 1

Au début de l'exercice suivant, il est nécessaire d'annuler l'opération de régularisation enregistrée lors de l'inventaire précédent.

Ceci permet d'éviter que le résultat de l'exercice N + 1 augmente grâce à ce produit.

3. La comptabilisation du produit en N

Lorsque l'entreprise reçoit la facture, elle doit l'enregistrer en comptabilisant normalement le produit. À ce moment-là, la TVA devient exigible.

II - EXEMPLES

Considérons à nouveau l'entreprise Alpha, dont l'exercice comptable coïncide avec l'année civile.

A - CAS GÉNÉRAL

Au début de l'exercice N, l'entreprise a bloqué sur un compte bancaire particulier un montant de 40 000 euros.

Le taux d'intérêt annuel sur ce compte est de 5 %. Cet argent ne sera débloqué qu'au 1er janvier N + 1, date à laquelle l'entreprise percevra les intérêts.

1. La régularisation fin N

Le montant des intérêts liés au placement est de :

40 000 x 0,05 = 2 000 €.

Il s'agit de produits financiers liés à la décision de bloquer 40 000 € sur un compte bancaire pendant toute l'année N. Ce produit financier concerne l'exercice N et constitue un élément du compte de résultat de l'année N.

———————————— 31/12/N ————————————————

5187		Banques-intérêts courus à recevoir	2 000	
	76	Produits financiers		2 000

2. La contrepassation début N + 1

———————————— 1/01/N + 1 ————————————————

76		Produits financiers	2 000	
	5187	Banques-intérêts courus à recevoir		2 000

Le compte 5187 se trouve soldé.

3. La comptabilisation le 1/01/N + 1

———————————— 1/01/N + 1 ————————————————

512		Banque	2 000	
	76	Produits financiers		2 000

Le compte 76 est soldé : le produit ne concerne pas l'exercice N + 1.

De plus, le compte banque est débité de 2 000 € : la trésorerie de l'entreprise augmente de cette somme pendant l'exercice N + 1.

B - Le cas des RRR à accorder

À la fin de l'exercice N, il est prévu de percevoir un rabais de 2 % sur une commande de 50 000 € (TVA à 19,60 %). En effet, le fournisseur Y s'est engagé à envoyer une facture d'avoir à la suite de la constatation de dégâts sur certains produits. La facture ne parviendra à l'entreprise que le 3/01/N + 1.

1. Régularisation fin N

Les RRR à obtenir sont enregistrés au crédit du compte de charges 609 « RRR obtenus sur achats » par le débit du compte 4098 « RRR à obtenir ». Au lieu de comptabiliser ce gain en produit, on l'enregistre comme une diminution de charges. De plus, le solde du compte 4098 s'inscrit au bilan dans la rubrique « Autres créances » et non en diminution du passif.

		31/12/N		
4098		RRR à obtenir	1 196	
	44586	Taxes sur le CA sur facture à établir		196
	609	RRR obtenus		1 000

2. La contrepassation début N + 1

		1/01/N + 1		
609		RRR obtenus	1 000	
44586		Taxes sur le CA sur facture à établir	196	
	4098	RRR à obtenir		1 196

Le compte 4098 est soldé.

3. La comptabilisation le 15/01/N + 1

		18/01/N + 1		
401		Fournisseur Y	1 196	
	4456	TVA déductible		196
	609	RRR obtenus		1 000

Le compte 609 est soldé.

Fiche 36

LES CHARGES ET LES PRODUITS CONSTATÉS D'AVANCE

I - LES CHARGES CONSTATÉES D'AVANCE

A - Comptabilisation

Une charge constatée d'avance est une charge enregistrée au cours de l'exercice mais qui concerne les exercices suivants :

- À la fin de l'exercice, la charge comptabilisée en trop doit être déduite : le compte de charge concerné est crédité par le débit du compte 486 « Charges constatées d'avance » ;
- au début de l'exercice suivant, la charge doit être enregistrée : le compte de charge concerné est débité par le crédit du compte 486 qui se trouve alors soldé.

B - Exemple

Considérons l'entreprise Alpha, dont l'exercice comptable coïncide avec l'année civile. Pendant l'année N, l'entreprise a souscrit et payé une assurance annuelle de 9 000 € concernant un nouveau bâtiment acquis le 1er septembre. L'assurance couvre la période allant du 1er septembre N au 31 août N + 1.

Les deux tiers de l'assurance payée en N concernent l'exercice N + 1.

La charge qui doit être supportée par l'exercice N est de : 9 000/3 = 3 000 €.

Or, la charge qui a été enregistrée à la date de paiement est de 9 000 €. Il faut créditer le compte concerné de 6 000 € afin qu'il ne soit débiteur que de 3 000 €.

		31/12/N		
486		Charges constatées d'avance	6 000	
	616	Primes d'assurance		6 000

Au début de l'exercice N + 1, il faut constater la charge relative à la partie de la prime d'assurance allant du 1er janvier au 31 août.

		1/01/N + 1		
616		Primes d'assurance	6 000	
	486	Primes d'assurance		6 000

II - LES PRODUITS CONSTATÉS D'AVANCE

A - COMPTABILISATION

Un produit constaté d'avance est un produit enregistré au cours de l'exercice mais qui concerne les exercices suivants :

- à la fin de l'exercice, le produit comptabilisé en trop doit être déduit : le compte de produit concerné est débité par le crédit du compte 487 « Produits constatés d'avance » ;
- au début de l'exercice suivant, le produit doit être enregistré : le compte de produit concerné est crédité par le débit du compte 487 qui se trouve alors soldé.

B - EXEMPLE

Considérons l'entreprise Alpha, dont l'exercice comptable coïncide avec l'année civile. Pendant l'année N, l'entreprise a perçu un loyer de 3 000 €. Ce loyer concerne les mois de décembre et janvier.

La moitié du loyer reçu concerne l'exercice N. Or, le produit qui a été enregistré à la date de paiement est de 3 000 €. Il faut débiter le compte concerné de 1 500 €.

		31/12/N		
708		Produits des activités annexes	1 500	
	487	Produits constatés d'avance		1 500

Au début de l'exercice N + 1, il faut constater le produit relatif au loyer du mois de janvier N + 1.

		1/01/N + 1		
487		Produits constatés d'avance	1 500	
	708	Produits des activités annexes		1 500

Fiche 37

L'AMORTISSEMENT

Comme cela a été signalé fiche 28, l'année 2005 a été, pour les entreprises, celle de la première application obligatoire des nouveaux règlements sur les actifs et par conséquent sur leur amortissement et leur dépréciation.
Il est à noter que les nouvelles dispositions introduites dans le PCG modifient en profondeur les notions d'amortissement et de dépréciation, y compris l'articulation entre ces deux notions (fiches 37 à 49). On remarque notamment que tous les actifs, même ceux amortis, peuvent être dépréciés.

I - LES ÉLÉMENTS DE BASE

A - GÉNÉRALITÉS

Selon le Plan comptable général :

- « un actif amortissable est un actif dont l'utilisation par l'entité est déterminable » ;
- « l'utilisation pour une entité se mesure par la consommation des avantages économiques attendus de l'actif. Elle peut être déterminable en termes d'unités d'œuvre lorsque ces dernières reflètent correctement le rythme de consommation des avantages économiques attendus de l'actif ».

Ainsi, c'est désormais aux caractéristiques propres de l'entreprise qu'il convient de se référer pour déterminer la durée et le mode d'amortissement d'une immobilisation.

B - DÉFINITION

L'amortissement est défini comme « la répartition du coût d'un bien sur sa durée probable d'utilisation ». C'est « la répartition systématique du montant d'un actif amortissable en fonction de son utilisation ».

C - LE PLAN D'AMORTISSEMENT

Il s'agit de la traduction comptable de la répartition de la valeur amortissable d'un actif.

1. Établissement du plan d'amortissement

Le plan d'amortissement est établi à la date de début de consommation des avantages économiques liés à l'actif. Il peut être ultérieurement revu si des modifications significatives dans l'utilisation du bien apparaissent. De plus, si des éléments constitutifs de l'actif ont des utilisations différentes, un plan d'amortissement propre à chaque élément est établi.

2. La base amortissable

« Le montant amortissable d'un actif est sa valeur brute sous déduction de sa valeur résiduelle. »

La valeur brute d'un actif est sa valeur d'entrée dans le patrimoine. La valeur résiduelle n'est, quant à elle, pas définie par le PCG. Il est précisé qu'elle est déduite lorsque la durée d'utilisation du bien est fortement inférieure à sa durée probable de vie.

3. La durée d'utilisation de l'actif

C'est désormais sur la durée réelle d'utilisation de l'actif (arrêtée par la direction de l'entreprise) que doit être élaboré le plan d'amortissement d'une immobilisation. Ainsi les usages et pratiques généralement admis ne sont plus reconnus, sauf exception.

D - Le mode d'amortissement

Le mode d'amortissement doit permettre de refléter le mode de consommation des avantages économiques attendus du bien immobilisé.

Différents modes d'amortissement sont envisageables :
- l'amortissement linéaire (voir fiche 38) ;
- l'amortissement dégressif (voir fiche 39) ;
- l'amortissement par unités d'œuvre.

E - Terminologie

L'élaboration du plan d'amortissement, ainsi que la comptabilisation qui s'en suit, nécessitent le recours aux différents termes suivants :

- **valeur d'origine** : valeur d'entrée dans le patrimoine ;
- **annuité** : amortissement annuel de l'exercice ;
- **amortissements cumulés** : addition des différentes annuités pratiquées ;
- **valeur nette comptable** : valeur d'origine – amortissements cumulés pratiqués ;
- **taux d'amortissement** : temps d'utilisation exprimé en pourcentage.

II - LA COMPTABILISATION

A - L'ENREGISTREMENT

- Les terrains, les procédés de fabrication et les marques de fabrique non couverts par des brevets ne sont pas amortissables.
- L'amortissement est un emploi certain et irréversible qui s'inscrit au débit du compte de la classe 6 intitulé « Dotations aux amortissements, dépréciations et provisions » (que l'on notera dorénavant DADP).
- En contrepartie, le montant de cet amortissement est inscrit au crédit du compte 28 « Amortissements des immobilisations » (le compte 28 est subdivisé de la même façon que les comptes d'immobilisations classiques, le 8 signifie simplement qu'il s'agit d'un compte d'amortissement).
- Les amortissements apparaissent au bilan en soustraction de l'actif :

  – en fin d'exercice, le prix d'acquisition, c'est-à-dire le coût historique de l'immobilisation, ne disparaît pas ;

  – le compte 28 enregistre à son crédit le montant cumulé des amortissements pratiqués depuis l'acquisition du bien.
- Les biens totalement amortis mais encore utilisés sont maintenus au bilan alors que s'ils sont mis au rebut, les comptes de situation concernés sont soldés.

B - EXEMPLE

Supposons une entreprise dont l'exercice comptable correspond à l'année civile. Soit un camion acheté 70 000 € le 1er janvier N. Ce camion sert à la livraison de matériel. On suppose que, dans 5 ans, sa valeur résiduelle sera nulle et que son amortissement est constant chaque année, c'est-à-dire égale à 14 000 €.

– Chaque année, une partie de la valeur du camion, qui est indispensable à l'exploitation normale de l'entreprise, disparaît ;

– à la fin de l'année N, il faut enregistrer une charge correspondant à l'amortissement annuel du camion :

		31/12/N		
681		DADP - charges d'exploitation	14 000	
	28182	Amortissements matériel de transport		14 000

- La ligne du bilan de l'entreprise correspondant à ce matériel se présente de la façon suivante au 31/12/N :

	Actif brut	Amortissement	Actif net
Matériel de transport	70 000	14 000	56 000

Fiche 38

L'AMORTISSEMENT LINÉAIRE

I - PRINCIPES DE CALCUL

L'amortissement linéaire consiste à répartir de manière égale la base amortissable sur la durée de vie du bien :

- le calcul de l'annuité d'amortissement s'effectue en divisant la base amortissable par la durée probable d'utilisation du bien ;
- l'annuité d'amortissement est constante pendant toute la durée de vie du bien.

Le Plan comptable général prévoit désormais le mode linéaire à défaut de mode plus adapté, qui est alors à justifier en fonction du « rythme de consommation des avantages économiques attendus en fonction de l'utilisation probable du bien ».

Le point de départ du calcul de la première annuité est la date de début de consommation des avantages économiques. Elle correspond généralement à la date exacte de mise en service du bien. Selon le principe *prorata temporis*, on calcule la première annuité proportionnellement au temps écoulé entre la date de mise en service et la clôture de l'exercice comptable. L'année est comptée pour 360 jours (30 jours par mois).

II - L'ENREGISTREMENT

Reprenons l'exemple précédent du camion acquis pour 70 000 € et amortissable en linéaire sur 5 ans.

A - Tableau d'amortissement

1. Mise en service le 1/01/N

Le taux linéaire est de : 100/5 = 20 %

Années	VNC début	Annuité	VNC fin
N	70 000	14 000	56 000
N + 1	56 000	14 000	42 000
N + 2	42 000	14 000	28 000
N + 3	28 000	14 000	14 000
N + 4	14 000	14 000	0

Le bien étant acquis le 1/1/N, toutes les annuités sont identiques.

2. Mise en service le 1/07/N

Le taux linéaire reste de 20 %. Cependant la première annuité est de : 70 000 x 0,2 x 0,5 = 7 000.

Années	VNC début	Annuité	VNC fin
N	70 000	7 000	63 000
N + 1	63 000	14 000	49 000
N + 2	49 000	14 000	35 000
N + 3	35 000	14 000	21 000
N + 4	21 000	14 000	7 000
N + 5	7 000	7 000	0

B - La comptabilisation

On se situe dans le premier cas de figure et l'on s'intéresse aux années N et (N + 1).

1. Le journal

		31/12/N		
681		DADP-charges d'exploitation	14 000	
	28182	Amortissements		14 000
		31/12/N+1		
681		DADP-charges d'exploitation	14 000	
	28182	Amortissements		14 000

2. Représentation du bilan

31/12/N	Actif brut	Amortissement	Actif net
Matériel de transport	70 000	14 000	56 000

31/12/N + 1	Actif brut	Amortissement	Actif net
Matériel de transport	70 000	28 000	42 000

Chaque année, le compte 681 est débiteur du montant de l'annuité, alors que le compte 28 est créditeur du montant cumulé des annuités depuis la date de mise en service.

Fiche 39

L'AMORTISSEMENT DÉGRESSIF

I - PRINCIPES DE CALCUL

L'entreprise peut opter pour l'amortissement dégressif des biens qui sont acquis neufs et dont la durée de vie n'est pas inférieure à trois ans. De plus, les équipements doivent entrer dans la liste inscrite dans le Code général des impôts. Contrairement à l'amortissement linéaire, l'annuité n'est pas constante.
L'amortissement dégressif est pratiqué essentiellement pour des raisons fiscales. Toutefois, il ne peut être utilisé que s'il reflète le mode de consommation des avantages économiques attendus de l'actif.

A - Calcul du taux dégressif

Le taux dégressif est égal au taux linéaire multiplié par l'un des coefficients suivants :
- 1,25 si la durée normale d'utilisation du bien est de 3 à 4 ans ;
- 1,75 si la durée normale d'utilisation du bien est de 5 à 6 ans ;
- 2,25 si la durée normale d'utilisation du bien est de plus de 6 ans.

Ainsi, si un bien est amorti sur quatre ans, les taux linéaire et dégressif sont :
- taux linéaire : 100 / 4 = 25 %,
- taux dégressif : 0,25 x 1,25 = 31,25 %.

Les taux applicables pour les biens acquis entre le 4 décembre 2008 et le 31 décembre 2009 sont majorés d'un demi-point (1,75, 2,25 et 2,75).

B - Calcul de l'annuité

Le point de départ du calcul de l'amortissement est le premier jour du mois d'acquisition du bien.

Quelle que soit la durée d'amortissement de la première année, le plan d'amortissement correspond exactement à la durée de vie du bien :
- pour le premier exercice, l'annuité d'amortissement est égale à la valeur obtenue en multipliant la valeur d'origine de l'immobilisation par le taux dégressif ;
- pour les annuités suivantes, on applique le même taux à la VNC en début d'exercice ;
- lorsque l'annuité dégressive devient inférieure au quotient de la VNC par le nombre d'années restant à courir (lorsque le taux dégressif est inférieur au taux linéaire calculé sur le nombre d'années d'amortissement restant à pratiquer), l'entreprise enregistre une dotation égale à ce quotient.

II - L'ENREGISTREMENT

Soit un matériel acquis 500 000€ HT le 15 avril de l'année N. Ce matériel est amorti sur 5 ans selon le mode dégressif. L'exercice comptable correspond à l'année civile.

A - Calcul du taux dégressif

Le taux linéaire est de : 100/5 = 20 %.

Le taux dégressif est de : 1,75 x 0,2 = 35 %.

B - Calcul des annuités d'amortissement

- La première année, on calcule l'amortissement du 1er avril au 31 décembre en appliquant le taux dégressif à la valeur d'origine de l'immobilisation ;
- la seconde année, on applique le taux dégressif à la VNC en début d'exercice ;
- la troisième année, on effectue le même calcul tout en vérifiant que l'annuité linéaire est inférieure :
  - annuité dégressive : 239 687 x 0,35 = 83 890,
  - annuité linéaire : 239 687 / 3 = 79 896 ;
- la quatrième année, on constate que :
  - annuité dégressive : 155 797 x 0,35 = 83 890,
  - annuité linéaire : 155 797 / 2 = 77 898,5.

A partir de la quatrième année, l'entreprise passe au mode linéaire.

Le tableau d'amortissement se présente de la façon suivante :

Années	VNC début	Annuité	VNC fin
N	500 000	131 250	368 750
N + 1	368 750	129 063	239 687
N + 2	239 687	83 890	155 797
N + 3	155 797	77 898,50	77 898,50
N + 4	77 898,50	77 898,50	0

On constate que, bien que la première annuité ne concerne que 9 mois, l'amortissement n'est pratiqué que pendant 5 ans. De plus, les annuités calculées pendant les premières années sont supérieures aux annuités calculées selon le mode linéaire. Ceci présente un avantage fiscal immédiat et différé en période d'inflation.

La comptabilisation est la même que pour l'amortissement linéaire.

Fiche 40

L'AMORTISSEMENT MINIMUM

I - PRINCIPE FISCAL

A - La règle de l'amortissement minimum

L'obligation de donner une image fidèle de l'entreprise nécessite la constatation de l'amortissement des biens possédés : l'entreprise est tenue d'effectuer des amortissements même en cas de pertes ou de faibles bénéfices.

Le Code général des impôts précise que l'amortissement linéaire représente l'amortissement minimum.

Ainsi, à la fin d'un exercice comptable, le montant des amortissements pratiqués depuis l'entrée de l'immobilisation dans le patrimoine de l'entreprise ne peut être inférieur au cumul des amortissements calculés selon le mode linéaire.

B - Conséquences

L'entreprise doit au moins amortir ses immobilisations selon le mode linéaire.

Si la technique d'amortissement retenue diffère (recours à l'amortissement dégressif ou à un amortissement particulier), deux situations se présentent :

- à la fin d'un exercice comptable donné, le cumul des amortissements calculés selon le mode d'amortissement adopté serait supérieur ou égal au cumul des dotations linéaires.
  Pendant cet exercice comptable, l'entreprise peut se dispenser d'amortir ;

- à la fin d'un exercice comptable donné, le cumul des amortissements calculés selon le mode d'amortissement adopté serait inférieur au cumul des dotations linéaires.
  Pendant cet exercice comptable, l'entreprise peut pratiquer une dotation égale à la différence entre les deux cumuls précédents.

II - APPLICATION

Soit un matériel acquis 300 000 € HT le 15 janvier de l'année N. Ce matériel est amorti sur 4 ans selon le mode dégressif. L'exercice comptable correspond à l'année civile. Cette entreprise désire amortir le moins possible en année N + 2.

A - Tableau d'amortissement

Le taux linéaire est de : 100/4 = 25 %.

Le taux dégressif est de : 1,25 x 0,25 = 31,25 %.

Le tableau d'amortissement dégressif se présente de la façon suivante :

Années	VNC début	Annuité	VNC fin
N	300 000	93 750	206 250
N + 1	206 250	64 453	141 797
N + 2	141 797	70 898,50	70 898,50
N + 3	70 898,50	70 898,50	0

B - Calcul de l'annuité d'amortissement de N + 2

- À la fin de l'exercice N + 2, le cumul des amortissements pratiqués doit être au moins égal au cumul obtenu selon le mode linéaire ;
- le taux linéaire est de 25 % (il correspond à une annuité constante de 75 000) : à la fin de l'exercice N + 2, le cumul des amortissements réellement pratiqués doit être au moins égal à 225 000 (75 000 x 3) ;
- au début de l'exercice N + 2, le cumul des amortissements enregistrés est de 158 203 (93 750 + 64 453) ;
- la dotation minimum que l'entreprise peut pratiquer en N + 2 est de :

225 000 – 158 203 = 66 797.

À la fin de l'exercice N + 2, l'entreprise diffère la fraction de l'annuité correspondant au plan d'amortissement dégressif. Si le cumul des amortissements pratiqués en N et N + 1 avait été supérieur à 225 000, l'entreprise aurait pu ne rien amortir en N + 2.

Fiche 41

L'AMORTISSEMENT DÉROGATOIRE

I - OBJECTIFS

A - Définition

L'administration fiscale permet aux entreprises de pratiquer des amortissements fiscaux (amortissement dégressif fiscal ou amortissement exceptionnel). Dès lors, il apparaît une différence entre l'amortissement correspondant à la consommation économique réelle du bien et l'amortissement pratiqué.

Selon le PCG, l'amortissement dérogatoire correspond à la différence entre l'amortissement fiscal et l'amortissement économiquement justifié. Il s'agit d'une provision réglementée (voir fiches 51, 52 et 53).

B - Enregistrement comptable

L'enregistrement comptable proposé par le PCG permet de faire la distinction entre l'amortissement pour dépréciation et l'amortissement dérogatoire :

- l'amortissement qui correspond à l'objet économique est enregistré au débit du compte 681 par le crédit du compte 28 concerné ;
- l'amortissement dérogatoire positif est porté au crédit du compte 145 « Amortissements dérogatoires » par le débit du compte 6872 « Dotations aux provisions réglementées » ;
- l'amortissement dérogatoire négatif est porté au débit du compte 145 par le crédit du compte 7872 « Reprises sur provisions réglementées ».

C - Conséquences

L'amortissement dérogatoire permet :

- de comptabiliser chaque année au débit du compte 681 et au crédit du compte 28 concerné le montant de l'amortissement économiquement justifié : la réalité économique du bilan et du résultat d'exploitation est sauvegardée ;
- d'enregistrer la différence positive entre l'amortissement fiscal réellement pratiqué et l'amortissement économiquement justifié comme une provision pour amortissements dérogatoires, considérée comme une charge exceptionnelle ;
- de réintégrer progressivement dans le résultat des exercices antérieurs la différence négative entre l'amortissement fiscal et l'amortissement économique, compte tenu de la constitution antérieure d'amortissements dérogatoires.

II - APPLICATION

A - ÉNONCÉ

Soit un matériel acquis 240 000 € HT le 1/01/N et destiné à l'équipement d'un laboratoire de recherche en biologie. Étant donné la destination du matériel, l'administration fiscale autorise un amortissement dès la première année à hauteur de 50 % du prix d'acquisition du bien. L'entreprise, dont l'exercice comptable coïncide avec l'année civile, opte pour cette solution. La durée de vie du matériel est de 4 ans. Économiquement, la dépréciation justifiée correspond à une dotation annuelle linéaire.

B - DÉTERMINATION DE L'AMORTISSEMENT DÉROGATOIRE

L'amortissement dérogatoire est la différence entre l'amortissement fiscal et l'amortissement économique. Sa détermination nécessite de dresser les tableaux des amortissements fiscal et économique de l'immobilisation.

1. Tableau d'amortissement fiscal

Étant donné la règle fiscale concernant ce matériel, son tableau d'amortissement est le suivant :

Années	VNC début	Annuité	VNC fin
N	240 000	120 000	120 000
N + 1	120 000	40 000	80 000
N + 2	80 000	40 000	40 000
N + 3	40 000	40 000	0

2. Tableau d'amortissement économique

L'amortissement économiquement justifié étant l'amortissement linéaire, le tableau d'amortissement correspondant est le suivant :

Années	VNC début	Annuité	VNC fin
N	240 000	60 000	180 000
N + 1	180 000	60 000	120 000
N + 2	120 000	60 000	60 000
N + 3	60 000	60 000	0

3. Les annuités dérogatoires

Années	Amortissement fiscal	Amortissement économique	Amortissement dérogatoire
N	120 000	60 000	60 000
N + 1	40 000	60 000	- 20 000
N + 2	40 000	60 000	- 20 000
N + 3	40 000	60 000	- 20 000

C - La comptabilisation

1. En fin de première année

		31/12/N		
681		DADP-charges d'exploitation	60 000	
687		DADP-charges exceptionnelles	60 000	
	2815	Amortissements		60 000
	145	Amortissements dérogatoires		60 000

Concernant ce matériel, on lira au 31/12/N dans le compte de résultat :

CHARGES		PRODUITS
Charges d'exploitation	60 000	
Charges exceptionnelles	60 000	

Le résultat brut de l'exercice est diminué de 120 000, montant correspondant à la dotation effectivement pratiquée. Le résultat d'exploitation est diminué de 60000, montant reflétant la dépréciation réelle du bien.

De la même façon, on lira au bilan au 31/12/N :

	ACTIF			PASSIF	
	BRUT	Amortis.	NET		
Matériel	240 000	60 000	180 000	Provisions réglementées	60 000

On constate que la réalité économique de l'actif du bilan est préservée puisque l'amortissement dérogatoire apparaît au passif comme une provision réglementée.

2. À la fin des trois années suivantes

L'amortissement dérogatoire étant le même pour les trois exercices suivants, chaque année, l'enregistrement comptable sera le suivant :

		31/12		
681		DADP-charges d'exploitation	60 000	
145		Amortissements dérogatoires	20 000	
	2815	Amortissements		60 000
	787	RADP-produits exceptionnels		20 000

Chaque année on lira au compte de résultat :

CHARGES		PRODUITS	
Charges d'exploitation	60 000		
		Produits exceptionnels	20 000

Chaque année, le résultat brut est diminué de 40 000, ce qui correspond à la dotation réellement effectuée (amortissement fiscal) alors que le résultat d'exploitation est obtenu en tenant compte de la dépréciation réelle du bien.

Les bilans des trois dernières années, concernant ce matériel, seront :

ACTIF				PASSIF	N + 1
	BRUT	Amortis.	NET		
Matériel	240 000	120 000	120 000	Provisions réglementées	40 000

ACTIF				PASSIF	N + 2
	BRUT	Amortis.	NET		
Matériel	240 000	180 000	60 000	Provisions réglementées	20 000

ACTIF				PASSIF	N + 2
	BRUT	Amortis.	NET		
Matériel	240 000	240 000	0	Provisions réglementées	0

Sur la durée de vie de l'immobilisation, on vérifie les deux égalités suivantes :

Amortissements fiscaux	= amortissements pour dépréciation + amortissements dérogatoires
Dotations aux amortissements dérogatoires	= reprises sur amortissements dérogatoires

Fiche 42

LA CESSION D'IMMOBILISATION

I - LE PRINCIPE

La cession d'immobilisation présente un caractère exceptionnel et non habituel.

A - IMMOBILISATIONS AMORTISSABLES

1. Calcul des dotations de l'année de cession

À la date de sortie du bien du patrimoine, on calcule et on enregistre la dotation correspondant à l'usure du bien sur la période de l'exercice concernée. Pour cela :

- on débite le compte 681 du montant de la dépréciation ;
- on crédite le compte 28 concerné de ce même montant.

2. Constatation de la vente

La vente constitue un produit exceptionnel et un apport financier pour l'entreprise. Ceci se traduit par :

- le débit d'un compte financier (vente au comptant) ou d'un compte de tiers (462 « Créances sur cessions d'immobilisations ») à hauteur du prix de cession TTC ;
- le crédit du compte 775 « Produits des cessions d'éléments d'actif » du prix de cession HT ;
- le crédit du compte 4457 pour la TVA facturable sur le prix de cession.

3. Sortie du bien du patrimoine

L'immobilisation étant vendue, sa valeur d'acquisition et les dotations aux amortissements correspondant à sa dépréciation doivent disparaître du bilan. La sortie du bien du patrimoine s'enregistre de la façon suivante :

- on solde le compte 28 concerné en le débitant du cumul des dotations enregistrées depuis l'entrée du bien dans le patrimoine ;
- on solde le compte d'immobilisation concerné en le créditant du prix d'acquisition du bien ;
- on débite le compte 675 « Valeurs comptables des éléments d'actif cédés » de la différence entre le prix d'acquisition de l'immobilisation et le cumul des dotations pratiquées jusqu'à la date de cession.

On constate qu'en comptabilité le résultat de cession est distingué en deux parties. La plus ou moins-value réalisée est la différence entre le crédit du compte 775 et le débit du compte 675.

B - Immobilisations provisionnées

Lorsque la cession porte sur une immobilisation non amortissable mais dépréciée, l'enregistrement comptable se fait de la façon suivante :

- on constate la vente et la sortie du bien du patrimoine de la même façon que pour une immobilisation amortissable ;
- on fait une reprise sur la dépréciation qui avait été constituée puisqu'elle est devenue sans objet.

C - Le traitement de la TVA

En dehors des constructions et d'opérations très précises, les règles en matière de TVA sont les suivantes :

- les cessions de biens sont assujetties à la TVA sur la totalité du prix de cession ;
- la règle de reversement de la TVA initialement déduite en cas de cession dans un certain délai n'existe plus.

II - APPLICATION

A - Immobilisations amorties

1. Énonce

La société Gamma a acquis au comptant le 01/01/N–2 un matériel industriel pour une valeur HT de 80000F. Ce bien est amorti en dégressif sur 5 ans.

À la suite d'un changement du système de production, l'entreprise décide de céder ce matériel le 01/07/N. La valeur de cession est de 25000€ HT. La TVA est à 19,60 %.

2. Enregistrement de l'acquisition

	01/01/N–2		
2154	Matériel industriel	80 000	
44562	TVA sur immobilisations	15 680	
512	Banque		95 680

3. Tableau d'amortissement

Le taux d'amortissement dégressif à appliquer est de 40 % (20 % x 2).

Années	VNC début	Annuité	VNC fin
N–2	80 000	28 000	52 000
N–1	52 000	18 200	33 800
N	33 800	11 830	21 970
N + 1	21 970	10 985	10 985
N + 2	10 985	10 985	0

Au début de l'exercice N, le cumul des amortissements, correspondant au solde créditeur du compte 2815 pour ce matériel, est de 46 200.

4. Enregistrement de la cession

		01/07/N		
681		DADP d'exploitation	5 915	
	2815	Amortissements		5 915
512		Banque	29 900	
	775	Produits des cessions d'éléments d'actif		25 000
	44571	TVA collectée		4 900
675		Valeurs comptables des éléments d'actif cédés	27 885	
2815		Amortissements	52 115	
	2154	Matériel industriel		80 000

Le complément d'amortissement de l'année N correspond à la moitié de l'annuité de cette année puisque le bien est cédé le 01/07/N.

On constate que le compte d'immobilisation 2154 est soldé. Il en est de même pour le compte 2815.

B - Immobilisations dépréciées (voir fiche 45)

1. Énoncé

La société Gamma avait acquis le 15/03/N–2 un terrain pour un prix HT de 300 000 €. Au 31/12/N–1, l'entreprise avait constitué une dépréciation à hauteur de 60 000 €. Le 01/03/N, l'entreprise décide de revendre ce terrain. Le prix de cession est de 225 000 € (TVA à 19,60 %).

2. Enregistrements précédant la cession

		15/03/N–2		
211		Terrains	300 000	
44562		TVA sur immobilisations	58 800	
	512	Banque		358 800
		31/12/N–1		
681		DADP d'exploitation	60 000	
	2911	Dépréciations		60 000

3. Enregistrement de la cession

		01/03/N		
512		Banque	269 100	
	775	Produits des cessions		225 000
	44571	TVA collectée		44 100
675		Valeurs comptables	300 000	
211		Terrain		300 000
2911		Dépréciations	60 000	
	781	RADP d'exploitation		60 000

Les comptes 211 et 2911 sont soldés.

Fiche 43

CESSION D'IMMOBILISATION AVEC AMORTISSEMENT DÉROGATOIRE

I - LA COMPTABILISATION

La comptabilisation de la cession d'une immobilisation, pour laquelle l'entreprise a adopté la technique de l'amortissement dérogatoire, répond aux mêmes principes que la cession de toute immobilisation amortissable.

A - Calcul des dotations de l'année de cession

À la date de sortie du bien du patrimoine, on calcule et on enregistre les dotations pour dépréciation et dérogatoires ou les reprises sur dotations dérogatoires correspondant à la période de l'exercice concernée :

- on débite le compte 681 du montant de la dépréciation économiquement justifiée par le crédit du compte 28 concerné ;
- on crédite le compte 145 par le débit du compte 687 si l'amortissement fiscal est supérieur à l'amortissement économique ;
- on débite le compte 145 par le crédit du compte 787 si l'amortissement fiscal est inférieur à l'amortissement économique.

B - Constatation de la vente

La constatation de la vente s'enregistre de la même façon que pour les autres cessions d'immobilisations (*voir fiche 42*).

C - Sortie du bien du patrimoine

L'immobilisation étant vendue, sa valeur d'acquisition, les dotations aux amortissements correspondant à sa dépréciation et les amortissements dérogatoires enregistrés doivent disparaître du bilan. La sortie du bien du patrimoine s'enregistre de la façon suivante :

- on solde le compte 28 concerné en le débitant du cumul des dotations économiquement justifiées enregistrées depuis l'entrée du bien dans le patrimoine ;
- on débite le compte 675 « Valeurs comptables des éléments d'actif cédés » de la différence entre le prix d'acquisition de l'immobilisation et le cumul des dotations économiques pratiquées jusqu'à la date de cession ;
- on solde le compte 145 en le débitant des amortissements dérogatoires non encore repris par le crédit du compte 787 ;
- on solde le compte d'immobilisation concerné en le créditant du prix d'acquisition du bien.

II - APPLICATION

A - ÉNONCÉ

La société Thêta a acquis au comptant un matériel industriel le 01/01/N–2 pour une valeur HT de 150 000 € (TVA à 19,60 %). Ce matériel est amorti en dégressif sur 5 ans mais la dépréciation économiquement justifiée correspond à une dotation annuelle linéaire. L'enregistrement de l'amortissement se fait selon la technique de l'amortissement dérogatoire.

Ce matériel est cédé le 01/10/N pour un prix HT de 80 000 € (TVA à 19,60 %).

B - ÉCRITURES COMPTABLES

1. Enregistrement de l'acquisition

	01/01/N–2		
2154	Matériel industriel	150 000	
44562	TVA sur immobilisations	29 400	
512	Banque		179 400

2. Calcul du complément d'amortissement

Années	Amortissement fiscal	Amortissement économique	Amortissement dérogatoire
N–2	52 500	30 000	22 500
N–1	34 125	30 000	4 125
N	22 181	30 000	– 7 819
N + 1	20 597	30 000	– 9 403
N + 2	20 597	30 000	– 9 403

L'amortissement fiscal est calculé à partir d'un taux dégressif de 35 % pendant les trois premières années et d'un taux linéaire de 50 % pour les deux dernières années. L'amortissement économique est l'amortissement linéaire. L'amortissement dérogatoire est la différence entre l'amortissement fiscal et l'amortissement économique.

3. Présentation du bilan au 31/12/N-1

À la date d'inventaire de l'année précédant la cession, on lisait au bilan les éléments suivants concernant ce matériel informatique :

ACTIF				PASSIF	
	BRUT	Amortis.	NET		
Matériel	150 000	60 000	90 000	Provisions réglementées	26 625

On constate que la dotation totale à la fin des deux premières années était bien de 86 625.

4. Enregistrement de la cession

Il faut tout d'abord enregistrer la dotation aux amortissements, pour la période allant du 01/01/N au 01/10/N, selon la technique dérogatoire :

- dotation économique : 30 000 x (9/12) = 22 500 ;
- reprise sur amortissements dérogatoires :

7 819 x (9/12) : 5 864.

L'enregistrement comptable relatif à l'amortissement de ce matériel informatique en N est :

			Débit	Crédit
		01/10/N		
681		DADP d'exploitation	22 500	
145		Amortissements dérogatoires	5 864	
	2818	Amortissements		22 500
	787	RADP d'exploitation		5 864

La constatation de la vente s'enregistre de la façon suivante :

			Débit	Crédit
		01/10/N		
512		Banque	95 680	
	775	Produits des cessions d'éléments d'actif		80 000
	44571	TVA collectée		15 680

La sortie du bien du patrimoine nécessite de solder le compte d'immobilisation 2183, le compte d'amortissements pour dépréciation 2818 et le compte d'amortissements dérogatoires 145.

————————————- 01/10/N ————————————

675		Valeurs comptables des éléments d'actif cédés (90 000 – 22 500)	67 500	
2815		Amortissements (60 000 + 22 500)	82 500	
	2154	Matériel industriel		150 000

————————————- ————————————

145		Amortissements dérogatoires (26 625 – 5 864)	20 761	
	787	RADP exceptionnelles		20 761

————————————- ————————————

Les comptes relatifs à l'acquisition et à l'amortissement de ce matériel informatique sont soldés.

Fiche 44

CESSION D'IMMOBILISATION AVEC TVA

I - LE PRINCIPE

Comme cela a été signalé dans la fiche 42, en cas de cession d'immobilisations, il n'y a pas de reversement de la TVA initialement déduite. Cependant, il existe des exceptions à cette règle générale.

A - LA TVA À REVERSER

1. Immobilisations concernées

La cession d'un immeuble étant exonérée de TVA, la contrepartie est le reversement d'une partie de la TVA déduite lors de l'achat.

2. La règle de calcul

Lors de l'achat de l'immeuble, l'entreprise a déduit un certain montant de TVA calculée sur le prix HT du bien.

Lors de la cession, la règle de reversement de la TVA déduite est la suivante :

- si l'immobilisation cédée a été utilisée pendant plus de 10 ans, aucun reversement de TVA ne doit être effectué ;
- si la cession de l'immobilisation intervient avant la dixième année suivant l'acquisition, l'entreprise doit reverser à l'administration fiscale une partie de la TVA déduite : 1/10e par an pour chaque année ou fraction d'année manquante.

B - LA COMPTABILISATION

La comptabilisation de la cession d'immobilisation avec reversement de TVA répond aux mêmes principes que la cession des autres immobilisations mais il faut ajouter une écriture relative au reversement de la TVA.

L'enregistrement comptable est le suivant :

- on débite le compte 675 du montant de la TVA à reverser ;
- on crédite le compte 44551 de ce même montant.

Ainsi, le solde débiteur du compte 675 est la somme de la VNC du bien cédé et de la TVA à reverser.

II - APPLICATION

A - ÉNONCÉ

L'entreprise Oméga a acquis le 01/01/N – 4 un immeuble pour une valeur de 2000000€ HT (TVA à 19,60 %). L'amortissement est linéaire sur 20 ans. Ce bien a été cédé le 01/04/N pour un prix de 2 200 000€.

B - ÉCRITURES COMPTABLES

1. Calcul du complément d'amortissement

Chaque année, la construction se déprécie de 100 000€. Le complément d'amortissement en N est de 25 000€.

2. Calcul de la TVA à reverser

De l'année N – 4 à l'année N, le nombre d'années ou de fractions d'année est de 5. L'entreprise doit donc reverser 5/10e du montant de TVA déduite en N – 4, soit :

2 000 000 x 0,196 x 0,5 = 196 000€.

3. Enregistrement de la cession

		01/04/N		
681		DADP d'exploitation	25 000	
	2818	Amortissements		25 000
		01/04/N		
512		Banque	2 200 000	
	775	Produits des cessions		2 200 000
		01/04/N		
675		Valeurs comptables des éléments d'actif cédés	1 575 000	
2815		Amortissements	425 000	
	2154	Matériel industriel		2 000 000
		01/04/N		
675		Valeurs comptables des éléments d'actif cédés	196 000	
	44551	TVA à décaisser		196 000

Fiche 45

DÉPRÉCIATION : PRINCIPE

I - UNE NOUVELLE TERMINOLOGIE

Les provisions pour dépréciation sont désormais renommées « dépréciations » et ceci pour tous les actifs. Le terme « provisions » est maintenant réservé aux provisions auparavant dénommées « provisions pour risques et charges ».

Ces modifications ont des répercussions sur les intitulés des comptes de dotations et de reprises et, par conséquent, sur la présentation du compte de résultat.

II - LA NATURE DES DÉPRÉCIATIONS

A - Généralités

La dépréciation permet « la constatation d'un amoindrissement de la valeur d'actif résultant de causes dont les effets ne sont pas jugés irréversibles ».

Contrairement aux amortissements, qui constituent une charge certaine pour l'entreprise, les dépréciations correspondent à un appauvrissement probable mais non encore certain.

En vertu du principe de prudence et en vue de donner une image fidèle de la situation de l'entreprise, cette charge probable doit faire l'objet d'un enregistrement comptable. De même, les reprises sur dépréciations sont obligatoires lorsque ces dernières ne sont plus justifiées.

B - Éléments d'actif concernés

Les éléments d'actif pouvant faire l'objet de dépréciations sont :

– les immobilisations non amortissables ;

– les immobilisations amortissables ;

– les titres ;

– les stocks et en cours (*cf.* fiche 48) ;

– les créances sur les clients et créances diverses (*cf.* fiche 49).

III - LA COMPTABILISATION

A - La constitution de la dépréciation

Les dépréciations constatent la diminution probable d'un élément d'actif et constituent une charge de l'exercice. Leur comptabilisation répond au même principe que celle des amortissements :

- on débite un compte de charges 68 du montant de la dépréciation constituée ;
- on crédite un compte d'actif particulier selon la nature de l'élément d'actif concerné :
  - 29 : dépréciations des titres immobilisés ;
  - 39 : dépréciations des stocks ;
  - 49 : dépréciations des comptes clients ;
  - 59 : dépréciations des VMP.

B - Le réajustement de la dépréciation

Si, à la fin d'un exercice donné, une dépréciation a été enregistrée afin de tenir compte de la diminution de la valeur d'un élément d'actif, à la fin de l'exercice suivant, il faut estimer la dépréciation de cet élément et :

- si la perte de valeur a augmenté, il faut calculer et enregistrer un complément de dépréciation ;
- si la perte de valeur a diminué, il faut calculer et enregistrer une diminution de la dépréciation ;
- si la perte de valeur a disparu, on fait une reprise totale de la dépréciation enregistrée précédemment.

Ces éléments ne s'appliquent pas au réajustement des dépréciations des stocks (*cf.* fiche 48).

C - La reprise de la dépréciation

Si, lors de l'inventaire, on constate la diminution ou la disparition d'une moins-value probable sur un élément d'actif, l'entreprise doit faire une reprise sur dépréciations :

- on crédite le compte 78 du montant de la diminution de la moins-value ;
- on débite le compte d'actif concerné (29, 39…).

Fiche 46

DÉPRÉCIATION : APPLICATION

I - CONSTITUTION DE LA DÉPRÉCIATION

A - Énoncé

La société Thêta détient des titres de participation de la société Gamma. Ces titres ont été acquis le 15/08/N au cours de 85 €.

Thêta détient 10 000 actions Gamma.

À la date d'inventaire, le 31/12/N, le cours de l'action est de 70 €.

B - Écritures comptables

1. Enregistrement de l'acquisition des titres

L'enregistrement comptable du 15/08/N est :

		15/08/N		
261		Titres de participation	850 000	
	512	Banque		850 000

2. Détermination de la dépréciation

La diminution du cours de l'action Gamma entraîne une perte probable pour la société Thêta, qui doit tenir compte de l'appauvrissement possible de ses titres de participation.

Le cours de l'action a diminué de 15 €, ce qui représente une diminution totale de 150 000 € (15 x 10 000).

Au 31/12/N, Thêta constitue une dépréciation des titres de participation de Gamma à hauteur de 150 000 € :

		31/12/N		
686		DADP financières	150 000	
	2961	Dépréciations des titres de participation		150 000

En ce qui concerne ces titres de participation, à l'actif du bilan, on lira la ligne suivante :

31/12/N	Actif brut	Amortissements et Dépréciations	Actif net
Titres de participation (Gamma)	850 000	150 000	700 000

II - RÉAJUSTEMENT DE LA DÉPRÉCIATION

A - Diminution de la dépréciation

1. Énonce

Lors de l'inventaire suivant, le cours de l'action Gamma est de 75 €.

2. Comptabilisation

La moins-value probable au 31/12/N + 1 est inférieure à l'appauvrissement possible constaté le 31/12/N.

Il faut effectuer une reprise de la dépréciation à hauteur de 5 € (75 – 70) par action.

L'enregistrement comptable sera le suivant :

		31/12/N + 1		
2961		Dépréciations des titres de participation	50 000	
	786	RADP financières		50 000

En ce qui concerne ces titres de participation, à l'actif du bilan on lira la ligne suivante :

31/12/N + 1	Actif brut	Amortissements et Dépréciations	Actif net
Titres de participation (Gamma)	850 000	100 000	750 000

B - Augmentation de la dépréciation

1. Énoncé

Lors de l'inventaire suivant, le cours de l'action Gamma est de 68 €.

2. Comptabilisation

Le 31/12/N + 1, la moins-value probable est supérieure à celle qui avait été constatée le 31/12/N.

Il faut effectuer un complément de dépréciation de 2 € par titre (68 – 70).

L'enregistrement comptable sera le suivant :

		31/12/N + 1		
686		DADP financières	20 000	
	2961	Dépréciations des titres de participation		20 000

En ce qui concerne ces titres de participation, à l'actif du bilan, on lira la ligne suivante :

31/12/N + 1	Actif brut	Amortissements et Dépréciations	Actif net
Titres de participation (Gamma)	850 000	170 000	680 000

III - Reprise de la dépréciation

A - Énoncé

Au 31/12/N + 2, le cours de l'action Gamma est de 90 €. On suppose que le cours, à la fin de l'exercice précédent, était effectivement de 68 €.

B - Comptabilisation

Au 31/12/N + 2, la valeur d'inventaire de l'action Gamma est supérieure à sa valeur d'origine. Dès lors :

- l'entreprise réalise une plus-value potentielle : selon le principe de prudence, cette plus-value probable ne doit pas être enregistrée ;
- la dépréciation totale constituée au cours des exercices précédents n'a plus lieu d'être : il faut enregistrer une reprise sur dépréciations.

L'enregistrement comptable au 31/12/N + 2 sera le suivant :

————————————- 31/12/N + 2 ————————————

2961	Dépréciations des titres de participation	170 000	
786	RADP financières		170 000

————————————- ————————————

En ce qui concerne ces titres de participation, à l'actif du bilan, on lira la ligne suivante :

31/12/N + 2	Actif brut	Amortissements et Dépréciations	Actif net
Titres de participation (Gamma)	850 000		850 000

À la lecture du bilan, on constate que la dépréciation a disparu et que la plus-value potentielle n'a pas été enregistrée puisque la valeur qui figure à l'actif est la valeur d'origine.

Fiche 47

LA DÉPRÉCIATION DES TITRES

I - DÉTERMINATION DE LA DÉPRÉCIATION

A - La valeur d'inventaire

1. Les titres de participation

Que le titre soit ou non coté, sa valeur d'inventaire est sa valeur d'usage définie comme le prix que l'entreprise accepterait de payer pour acquérir les titres, compte tenu de l'utilité particulière qu'ils présentent pour elle.

2. Les titres immobilisés

La valeur d'inventaire des titres immobilisés doit tenir compte des perspectives d'évolution de l'entreprise dont les titres sont détenus.

3. Les valeurs mobilières de placement

Pour les titres cotés, la valeur d'inventaire est le cours moyen du dernier mois avant clôture des comptes. Pour les titres non cotés, la valeur d'inventaire est la valeur probable de réalisation des titres.

B - La comptabilisation

1. Constitution et réajustement

La constitution et le réajustement des dépréciations des titres obéissent aux règles présentées dans la fiche 45.

2. La non-compensation des plus et moins-values potentielles

La comparaison entre la valeur d'inventaire et la valeur d'origine des titres détenus par l'entreprise amène à constater des plus et moins-values potentielles. La démarche comptable correspondant à la constatation de ces éléments obéit aux règles suivantes :

- selon le principe de prudence, les plus-values potentielles ne font l'objet d'aucune comptabilisation : seules les moins-values potentielles doivent être constatées ;
- pour les titres de nature différente (les actions de deux sociétés distinctes), il ne peut pas y avoir de compensation entre les plus et moins-values ;
- pour les titres de même nature (actions d'une même société achetées à des dates différentes), il peut y avoir compensation des plus et moins-values.

II - APPLICATION

A - ÉNONCÉ

Dans un objectif de gestion de trésorerie, la société Rho a acquis le 13/10/N 1 000 actions de la société Alpha pour un montant total de 25 600 €. Le cours moyen du mois de décembre de cette action est de 24,2 €.

Le 25/10/N, Rho a également acheté 150 actions Oméga au cours unitaire de 17 €. Le cours moyen du mois de décembre est de 18,5 €.

B - ÉCRITURE D'INVENTAIRE

Le cours de l'action Alpha a diminué de 1,4 € alors que celui de l'action Oméga a augmenté de 1,5 €. Ces deux titres sont de nature différente et il n'est pas possible de compenser la moins-value potentielle sur Alpha par la plus-value potentielle sur Oméga.

Rho doit constituer une dépréciation de 1 400 € pour tenir compte de la dépréciation des actions Alpha :

		31/12/N		
6866		DADP-financières	1 400	
	5903	Dépréciations des VMP (actions)		1 400

Fiche 48

LA DÉPRÉCIATION DES STOCKS

I - DÉTERMINATION DE LA DÉPRÉCIATION

A - LA VALEUR D'INVENTAIRE DES STOCKS

1. Produits finis et marchandises

La valeur d'inventaire est la valeur de réalisation nette des stocks. Elle est égale à la différence entre le prix de vente de l'entreprise et la totalité des frais restant à supporter pour parvenir à la vente. Il s'agit essentiellement de frais de distribution directs.

Si la valeur de réalisation nette est inférieure au coût de production (produits finis) ou au coût d'achat (marchandises), une dépréciation doit être constituée à hauteur de l'appauvrissement calculé.

2. Matières premières et approvisionnements

La valeur d'inventaire retenue est soit la valeur de réalisation nette, soit la valeur de remplacement.

Si l'entreprise retient la valeur de remplacement comme valeur d'inventaire et si celle-ci est inférieure à la valeur d'acquisition, une provision doit être constituée.

Si l'entreprise considère que les matières premières et les approvisionnements sont incorporés dans les coûts prévisionnels des produits finis et que ceux-ci sont inférieurs au prix de vente, l'entreprise peut constituer une provision réglementée.

B - LA COMPTABILISATION

1. La constitution de la dépréciation

La constitution de la dépréciation des stocks répond au principe général abordé dans la fiche 45 :

- on débite le compte 68173 « DADP pour dépréciation des stocks et en-cours » ;
- on crédite le compte 39 (exemple : 391 : dépréciations des stocks de matières premières).

2. Le réajustement de la dépréciation

Contrairement au principe général énoncé dans la fiche 45, le PCG prévoit une comptabilisation différente du réajustement des dépréciations des stocks.

Comme pour la régularisation des stocks, le réajustement des dépréciations se fait en deux temps :

- lors de l'annulation du stock initial, les dépréciations existant sur ce stock doivent être annulées, quelle que soit la nouvelle dépréciation estimée : on ne constitue pas de provision supplémentaire ou de reprise partielle ;
- lors de la constatation du stock final, on enregistre la nouvelle dépréciation.

II - APPLICATION

Le 31/12/N, date d'inventaire, l'entreprise Epsilon a constitué une dépréciation de 20 000 € sur son stock de marchandises dont la valeur était de 52 000 €.

Au 31/12/N + 1, le stock final de marchandises est évalué à 60 000 € et la comparaison entre la valeur d'inventaire et la valeur d'origine nécessite la constitution d'une dépréciation de 13 000 €.

L'écriture de régularisation au 31/12/N nécessite d'annuler le stock initial et la dépréciation constituée en N et d'enregistrer le nouveau stock et la nouvelle dépréciation :

		31/12/N + 1		
6037		Variation du stock de marchandises	52 000	
	37	Stock de marchandises		52 000
397		Dépréciations des stocks de marchandises	20 000	
	78173	RADP - dépréciation des stocks		20 000
37		Stock de marchandises	60 000	
	6037	Variation du stock de marchandises		60 000
68173		DADP - dépréciation des stocks	13 000	
	397	Dépréciations des stocks de marchandises		13 000

Fiche 49

LA DÉPRÉCIATION DES CRÉANCES CLIENTS

I - LA COMPTABILISATION

À la date d'inventaire, il est nécessaire de distinguer les clients non douteux lors de l'inventaire précédent, les clients douteux et les clients insolvables.

La démarche à adopter diffère selon la nature du client.

A - Constatation de la créance douteuse

Si, à la date d'inventaire, on constate qu'un client est devenu douteux au cours de l'exercice, deux opérations doivent être effectuées :

- on vire l'intégralité de la créance du compte 411 au compte 416 « Clients douteux » ;
- on constitue une dépréciation sur le montant HT pour la partie de la créance que l'entreprise estime ne pas pouvoir récupérer.

B - Le client était déjà douteux

Si la créance était déjà douteuse à l'inventaire précédent, quatre situations peuvent se présenter à l'inventaire suivant :

- l'entreprise juge nécessaire de constituer une dépréciation supplémentaire ;
- l'entreprise escompte récupérer une somme supérieure à celle qu'elle avait estimée lors de l'inventaire précédent et enregistre une reprise partielle sur la dépréciation précédente ;
- le client a réglé sa créance pendant l'exercice : lors du règlement, le compte 416 a été soldé par le débit du compte 512 et, à l'inventaire, une reprise sur dépréciations doit être effectuée ;
- le client est devenu totalement insolvable : à l'inventaire on solde le compte 416 par le débit du compte 654 « Pertes sur créances irrécouvrables » (charges d'exploitation) ou du compte 6714 « Créances devenues irrécouvrables pendant l'exercice » (perte jugée exceptionnelle) et on enregistre une reprise sur la dépréciation devenue sans objet.

II - APPLICATION

A - Constatation de l'état des créances clients

1. Énoncé

À l'inventaire, le 31/12/N, la société Alpha constate les éléments suivants :

- le client Oméga doit 1 196 € (dont 196 € de TVA), il est totalement irrécouvrable et cette perte représente un caractère exceptionnel ;
- le client Bêta doit 2 990 € (dont 490 € de TVA), il présente un risque de non-paiement estimé à 30 % de la créance, qui n'était jusqu'alors pas considérée comme douteuse ;
- le client Gamma doit 9 568 € (dont 1 568 € de TVA), il présente un risque de non-paiement estimé à 50 % de la créance, alors considérée comme ordinaire.

2. Écritures d'inventaire

L'écriture d'inventaire concernant le client Oméga est :

	31/12/N		
6714	Créances devenues irrécouvrables	1 000	
44551	TVA à décaisser	196	
411	Clients (Oméga)		1 196

Le client Oméga étant totalement insolvable, l'entreprise Alpha réalise une perte certaine pour le montant HT de la créance. La TVA qui avait été précédemment collectée constitue un crédit de TVA : il faut annuler la TVA collectée sur cette vente. Pour cela, on peut débiter soit le compte 4457 lui-même, soit le compte 44551.

L'écriture d'inventaire concernant les clients Bêta et Gamma est :

	31/12/N		
416	Clients douteux	12 558	
411	Clients		12 558
	31/12/N		
68174	DADP - dépréciation des créances clients	4 750	
491	Dépréciations des créances clients		4 750

Les clients Bêta et Gamma sont devenus des clients douteux au cours de l'exercice. Il convient de constater cet état et de constituer une dépréciation à hauteur de la perte probable calculée sur le montant HT de chaque créance.

La dépréciation a été calculée de la façon suivante :

8 000 x 0,5 + 2 500 x 0,3 = 4 750.

B - Réajustement des dépréciations

1. Énoncé

Le 31/12/N + 1, l'entreprise Alpha fait les constatations suivantes :

- le client Bêta est totalement insolvable ;
- le client Gamma a réglé le 17/09/N + 1 un montant de 5 980 € et l'entreprise considère qu'elle récupérera probablement 80 % de la somme restant à payer.

2. Écritures d'inventaire

En ce qui concerne le client Bêta, l'entreprise doit constater une perte certaine et effectuer une reprise de la dépréciation devenue inutile :

	31/12/N + 1		
6714 (654)	Créances irrécouvrables	2 500	
44551	TVA à décaisser	490	
416	Clients douteux		2 990
491	Dépréciations des créances clients	750	
78174	RADP - dépréciation des créances clients		750

En ce qui concerne le client Oméga, le 17/09/N + 1, l'écriture suivante a été passée :

	17/09/N + 1		
512	Banque	5 980	
416	Clients douteux		5 980

On constate que le règlement est déduit du montant TTC de la créance.

Le montant HT restant à payer au 31/12/N + 1 est de 3 000 € ([9 568 – 5 980]/1,190). L'entreprise pensant récupérer 80 % de cette somme, la dépréciation concernant cette créance doit être de 600 (3 000 x 0,2). Or, au 31/12/N, la dépréciation était de 4 000. Il faut donc effectuer une reprise sur dépréciation de 3 400 (4 000 – 600). L'enregistrement comptable, le 31/12/N + 1, est :

		31/12/N + 1		
491		Dépréciations des créances clients	3 400	
	78174	RADP - dépréciation des créances clients		3 400

Fiche 50

LES PROVISIONS

I - L'OBJET DE LA PROVISION

A - Définition

Les provisions sont calculées à l'arrêté des comptes. Elles sont caractérisées par les éléments suivants :

- elles sont destinées à couvrir des risques et des charges que les éléments survenus ou en cours rendent probables ;
- elles constituent une dette éventuelle pour l'entreprise ;
- elles se distinguent des charges à payer par leur caractère probable et approximatif alors que les charges à payer sont connues de façon certaine et précise.

B - Nature de ces provisions

Parmi les provisions, on trouve :

- les provisions pour risques, dont :
  - les provisions pour garanties données aux clients ;
  - les provisions pour pertes de change ;
- les provisions pour impôts.

II - COMPTABILISATION

A - Principe

La constitution de la provision est enregistrée de la façon suivante :

- la charge probable est enregistrée au débit du compte 68 ;
- la dette probable est inscrite au crédit du compte 15 « Provisions ».

Lorsqu'au cours de l'exercice suivant la charge s'est effectivement réalisée, l'objet de la provision disparaît. À l'inventaire, on enregistre une reprise sur provisions en :

- débitant le compte 15 du montant de la provision constituée lors de l'inventaire précédent ;
- créditant le compte 78 de ce même montant.

B - EXEMPLE

1. Énoncé

Le 31/12/N à l'inventaire, la société Alpha estime que les frais qui seront occasionnés au cours de l'exercice N + 1 à la suite de garanties données aux clients seront d'environ 60 000 €. Ces frais représentent la rémunération du personnel du service après-vente, les commandes de nouvelles pièces...

2. Comptabilisation en N et en N + 1

Le 31/12/N, l'entreprise réalise l'enregistrement comptable suivant :

		31/12/N		
6815		DADP- risques et charges	60 000	
	1512	Provisions pour garanties données aux clients		60 000

Les charges liées au service après-vente ont été enregistrées durant l'exercice N + 1. La provision concernant ces charges n'a plus d'objet et doit être reprise le 31/12/N + 1 :

		31/12/N + 1		
1512		Provisions pour garanties données aux clients	60 000	
	7815	RADP - risques et charges		60 000

Si la charge probable avait été correctement estimée à la fin de l'exercice N, en N + 1, on observe une compensation entre la reprise sur la provision et la charge effectivement enregistrée.

Fiche 51

LES PROVISIONS POUR HAUSSE DE PRIX

I - DÉFINITION ET OBJET

Les provisions pour hausse de prix font partie des provisions réglementées qui ont une origine fiscale et dont la constitution est facultative. L'objet de toute provision réglementée est de réduire le bénéfice imposable de l'exercice, par le biais de l'enregistrement d'une dotation, et d'augmenter les ressources de financement de l'entreprise. Chaque type de provision réglementée répond en plus à un objectif précis. Comme les autres types de provisions, leur constitution doit être justifiée.

A - Objectif

En cas de hausse de prix, le stock final est surévalué. Ceci entraîne une mauvaise estimation de la variation de stock, et par conséquent une surestimation du résultat imposable.

En effet, prenons l'exemple du stock de matières premières. À la fin de l'exercice, l'écriture de régularisation est la suivante :

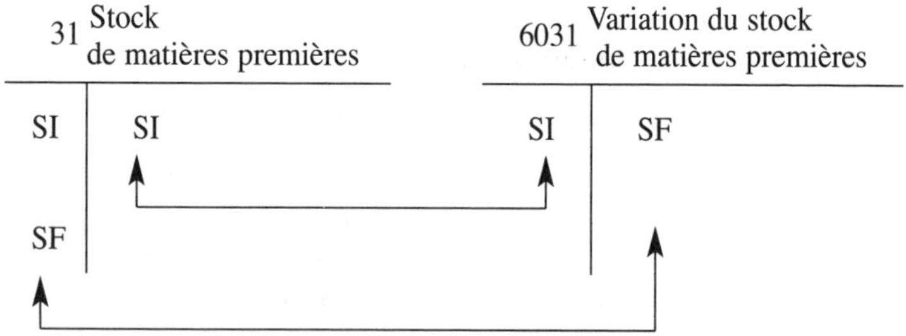

La variation de stock est :

$$\triangle S = SI - SF.$$

- Si SI > SF, $\triangle S > 0$: les charges de l'entreprise augmentent et le résultat diminue. Le stock final étant surévalué, cette augmentation de charges est moindre qu'en cas de stabilisation des prix. Ainsi le résultat est surévalué.

- Si SI < SF, $\triangle S < 0$: les charges de l'entreprise diminuent et le résultat augmente. Le stock final étant surévalué, cette diminution est plus forte qu'en cas d'absence d'inflation. Le résultat est également surévalué.

La provision pour hausse de prix doit permettre de compenser un tel effet.

B - Règles de calcul

1. Principes généraux

– Le calcul de la provision concerne un produit ou une matière donné ;
– la dotation ne porte que sur la fraction de hausse de prix supérieure à 10 % ;
– le calcul concerne au maximum une période de deux ans.

2. Détermination de la dotation

Les prix unitaires de fin de période sont notés P_{N-2}, P_{N-1} et P_N. Le montant de la provision pour hausse de prix varie selon la situation :

– si $P_{N-2} < P_{N-1}$ et $P_N > 1{,}1 \times P_{N-2}$, alors la dotation, D_N, de l'exercice N est au plus égale à :

$$D_N = Q_N \times (P_N - 1{,}1 \times P_{N-2}) - D_{N-1} \text{ ;}$$

– si $P_{N-2} > P_{N-1}$ et $P_N > 1{,}1 \times P_{N-1}$ alors la dotation, D_N, de l'exercice N est au plus égale à :

$$D_N = Q_N \times (P_N - 1{,}1 \times P_{N-1}).$$

Q_N représente la quantité en stock à la fin de l'année N et D_{N-1} représente la dotation éventuellement constituée à la fin de l'exercice précédent.

On constate que, pour calculer la dotation, il faut retenir le prix le plus bas pratiqué au cours des deux dernières années.

C - Comptabilisation

1. Constitution

La provision pour hausse de prix s'enregistre en :

– débitant le compte 6873 « Dotations aux provisions réglementées (stocks) » à hauteur du montant de la dotation calculée ;
– créditant le compte 1431 « Provisions pour hausse de prix » de ce même montant.

2. Reprise

Cette provision doit être rapportée au résultat de l'exercice à la fin de la sixième année suivant l'exercice à la clôture duquel la provision a été constituée. La reprise s'enregistre en :

– débitant le compte 1431 du montant de la dotation enregistrée six années auparavant ;
– créditant le compte 7873 « Reprises sur provisions réglementées (stocks) » de ce même montant.

Ce procédé permet à l'entreprise d'obtenir un différé d'impôts d'autant plus intéressant que l'inflation sera élevée. Etant donné cet avantage fiscal, l'entreprise a intérêt à constituer de telles provisions.

II - APPLICATION

A - ÉNONCÉ

L'entreprise Gamma achète régulièrement deux types de matières premières, MP1 et MP2. L'évolution des prix concernant ces deux éléments de stock au cours des deux dernières années est donnée dans le tableau suivant :

	P_{N-2}	P_{N-1}	P_N
MP1	320	331	354
MP2	75	70	87

Le stock de MP1 a bénéficié d'une dotation à hauteur de 700 en N-1. Le stock final de MP1 est de 800 unités et celui de MP2 est de 500 unités.

B - CALCUL DE LA DOTATION

On constate des hausses de prix supérieures à 10 %. L'entreprise peut donc constituer des provisions pour hausse de prix.

1. Pour le stock de MP1

À l'inventaire de l'année N, on constate que $P_{N-2} < P_{N-1}$. L'entreprise peut enregistrer une dotation maximale égale à :

$D_N = Q_N \text{ x } (P_N - 1{,}1 \text{ x } P_{N-2}) - D_{N-1}$;

$D_N = 800 \text{ x } (354 - 1{,}1 \text{ x } 320) - 700$;

$D_N = 900$.

2. Pour le stock de MP2

À l'inventaire de l'année N, on constate que $P_{N-1} < P_{N-2}$. L'entreprise peut enregistrer une dotation maximale égale à :

$D_N = Q_N \text{ x } (P_N - 1{,}1 \text{ x } P_{N-2})$;

$D_N = 500 \text{ x } (87 - 1{,}1 \text{ x } 70)$;

$D_N = 5\ 000$.

C - Comptabilisation

La dotation globale pour hausse de prix est de 5 900.

1. Constitution de la provision

	31/12/N		
6873	Dotations aux provisions réglementées (stocks)	5 900	
1431	Provisions pour hausse de prix		5 900

Si l'on avait obtenu des dotations négatives à la suite des calculs, aucune dotation n'aurait été enregistrée.

2. Reprise de la provision

La provision doit être rapportée au résultat de la sixième année. À l'inventaire au 31/12/N + 6, l'enregistrement comptable sera le suivant :

	31/12/N + 6		
1431	Provisions pour hausse de prix	5 900	
7873	Reprises sur provisions réglementées (stocks)		5 900

Fiche 52

LES PROVISIONS POUR FLUCTUATION DE COURS

I - OBJECTIF

L'objet des provisions pour fluctuation de cours est, comme pour les provisions pour hausse de prix, de compenser la surévaluation du résultat liée à une augmentation du cours des matières premières.

Ces provisions concernent les entreprises dont l'activité principale en France est la première transformation :

- des matières achetées sur les marchés internationaux ;
- des matières achetées en France mais dont les prix sont liés aux variations des cours internationaux.

II - COMPTABILISATION

A - Constitution de la provision

Si, à la date d'inventaire, on constate une hausse du cours d'une matière première, l'entreprise peut constituer une provision. Le montant de la dotation annuelle est limité au montant du bénéfice net comptable. De plus, il n'est pas possible d'enregistrer une dotation pour hausse de prix sur les stocks de matières susceptibles de faire l'objet d'une provision pour fluctuation de cours.

L'enregistrement comptable est le suivant :

- débit du compte 6873 à hauteur de la provision calculée ;
- crédit du compte 1432 « Provisions pour fluctuation de cours » de ce même montant ;

B - Reprise de la provision

Si, lors de l'inventaire de l'exercice comptable suivant, on constate une diminution du cours de la matière première, il faut enregistrer une reprise de la provision à hauteur de la baisse notée. L'enregistrement comptable est le suivant :

La provision pour hausse de prix s'enregistre en :

- débit du compte 1432 du montant de la reprise calculée ;
- crédit du compte 7873 « Reprises sur provisions réglementées (stocks) » de ce même montant.

III - APPLICATION

L'entreprise Oméga achète ses matières premières sur un marché international. Au 31/12/N–1, on avait constaté une augmentation du cours de cette matière et l'entreprise avait décidé de constituer une provision à hauteur de 1 200 €. Au 31/12/N, on constate que le cours a diminué de 10 %.

A - Constitution de la provision

	31/12/N–1		
6873	Dotations aux provisions réglementées (stocks)	1 200	
1432	Provisions pour fluctuation de cours		1 200

B - Reprise de la provision

	31/12/N		
1432	Provisions pour fluctuation de cours	120	
7873	Reprises sur provisions réglementées (stocks)		120

La reprise porte sur 10 % de la dotation enregistrée à la fin de l'exercice précédent.

Fiche 53

LES PROVISIONS POUR INVESTISSEMENT

I - CONSTITUTION DE LA PROVISION

La constitution d'une provision pour investissement représente un avantage fiscal de la participation des salariés. Lorsque le législateur a institué, en 1967, la participation des salariés aux fruits de l'expansion, les entreprises ont été autorisées à constituer une provision pour investissement, en franchise d'impôt, à concurrence du montant de la participation. L'objectif était de favoriser fiscalement cette mesure.

Pour les exercices ouverts à compter du 1er janvier 1994, le régime est le suivant :
- la provision pour investissement est égale à 50 % des sommes allant au-delà de la participation légale (applications d'accords dérogatoires) ;
- en cas d'application volontaire de la participation dans les entreprises de moins de 50 salariés, la provision est égale à 25 % du montant de la participation.

Ces pourcentages sont valables si les droits des salariés reste indisponibles pendant une période de cinq ans. Si l'entreprise opte pour une période d'indisponibilité de trois ans, ces pourcentages sont divisés par deux.

La provision est effectivement admise en franchise d'impôt si les deux conditions suivantes sont respectées :
- l'entreprise doit utiliser, dans un délai d'un an, le montant porté en provision pour l'acquisition ou la création d'immobilisation ;
- respect du délai d'indisponibilité de la participation.

II - COMPTABILISATION

A - Constitution de la provision

La provision pour investissement est enregistrée de la façon suivante :
- débit du compte 6872 « Dotations aux provisions réglementées (immobilisations) » à hauteur de la provision calculée ;
- crédit du compte 1424 « Provisions pour investissement » de ce même montant.

B - Reprise de la provision

La provision pour investissement doit être rapportée au résultat :
- de l'exercice suivant si elle n'a pas été utilisée pour acquérir ou créer des immobilisations ;

– de l'excercice pendant lequel le délai d'indisponibilité n'a pas été respecté ;
– du troisième ou cinquième exercice (expiration de la période d'indisponibilité des droits des salariés) suivant celui pendant lequel elle a été créée.

On constate que dans les deux premiers cas, l'entreprise peut bénéficier d'un crédit d'impôt intéressant en période d'inflation. Dans le troisième cas, la provision sera reprise en franchise d'impôt.

La reprise nécessite de :

– débiter le compte 1424 du montant de la dotation enregistrée auparavant ;
– de créditer le compte 7872 « Reprises sur provisions réglementées (immobilisations) » de ce même montant.

III - EXEMPLE

La participation des salariés aux fruits de l'expansion de l'entreprise Alpha a excédé la participation légale de 35 000 € en N. La période d'indisponibilité des droits des salariés est de cinq ans. L'entreprise décide de constituer une provision pour investissement.

En application de la règle fiscale, cette dotation sera de 17 500 € et sera enregistrée de la façon suivante :

		31/12/N		
6872		Dotations aux provisions réglementées	17 500	
	1424	Provisions pour investissement		17 500

Au cours de l'excercice N + 1, l'entreprise a acquis des immobilisations pour un montant supérieur à 17 500 €. La participation est débloquée en N + 5. A la fin de l'excercice N + 5, on a l'enregistrement suivant :

		31/12/N +5		
1424		Provisions pour investissement	17 500	
	7872	Reprises sur provisions réglementées		17 500

Fiche 54

LES CHARGES À RÉPARTIR

I - NOUVELLES RÈGLES

Depuis la mise en œuvre du règlement relatif à la définition, la comptabilisation et l'évaluation des actifs, la rubrique « charges à répartir sur plusieurs exercices » n'enregistre plus que les frais d'émission des emprunts.

En effet, les dépenses qui ne correspondent pas aux critères de définition et de comptabilisation des actifs doivent être enregistrées en charge (*cf.* fiches 28 et 29).

Auparavant, les charges à répartir concernaient quatre types de dépenses :
- les charges différées ;
- les charges à étaler (exemple : grosses réparations) ;
- les frais d'acquisition des immobilisations ;
- les frais d'émission des emprunts.

A - Les charges différées et à étaler

Désormais, deux cas se présentent pour l'enregistrement de ces charges :
- elles sont immédiatement constatées dans les charges de l'exercice (aucune possibilité de lissage du résultat comptable) ;
- elles sont enregistrées en immobilisations car elles répondent aux critères de définition et de comptabilisation des actifs.

B - Frais d'acquisition des immobilisations

Comme cela a été signalé dans la fiche 29, le coût d'entrée d'une immobilisation tient dorénavant compte de l'intégralité des coûts directement attribuables engagés pour mettre l'actif en état de fonctionner.

Ainsi, les droits de mutation, honoraires ou commissions et frais d'actes n'ont plus à être étalés.

C - Frais d'émission des emprunts

Le traitement comptable de ces charges est inchangé.

II - COMPTABILISATION

Les frais d'émission des emprunts comprennent :

– les frais de publicité ;

– les fais d'impression des prospectus et titres ;

– les commissions versées aux établissements bancaires.

A - Enregistrement des frais

Ces frais sont comptabilisés en charges au cours de l'exercice. Le compte utilisé est généralement le compte 6272 « Commissions et frais sur émission d'emprunts ».

À la fin de l'exercice, cette même charge est enregistrée au débit du compte 4816 en vue d'être répartie sur plusieurs exercices. Le compte crédité est le compte 79 « Transferts de charges ».

Enfin, à la clôture de chaque exercice, le compte 4816 sera crédité par le débit du compte 6812 « Dotations aux amortissements des charges d'exploitation à répartir » du montant de l'amortissement déterminé.

B - Le mode d'amortissement des frais

La charge initialement enregistrée a été transférée au bilan par le biais du compte 4816. Chaque année, une quote-part de cette charge est rapportée au compte de résultat grâce à l'enregistrement d'un amortissement.

Le mode d'amortissement des frais d'émission d'emprunts est fixé par le Plan comptable général. Ces frais sont répartis sur la durée de l'emprunt d'une façon appropriée aux modalités de remboursement. La répartition peut être linéaire si les montants ainsi obtenus sont proches de ceux de la méthode précédente.

III - APPLICATION

A - Énoncé

Afin d'assurer le financement de son développement, l'entreprise Durand a émis un gros emprunt ayant occasionné des frais à hauteur de 30000 €. Ces frais sont réglés le 15/09/N. Par souci de simplification, on ne tient pas compte de la TVA.

L'étalement de cette charge peut être envisagé linéairement sur les exercices N, N + 1 et N + 2.

Faire les comptabilisations nécessaires au cours des exercices N, N + 1 et N + 2.

B - Corrigé

1. Comptabilisation en N

Le 15/09/N, l'entreprise enregistre en comptabilité le règlement des frais occasionnés par l'emprunt.

		15/09/N		
6272		Commissions et frais sur émission d'emprunts	30000	
	512	Banque		30000

À la fin de l'exercice comptable, la totalité des frais d'emprunt est transférée au bilan en vue de son étalement sur les exercices N, N + 1 et N + 2.

		31/12/N		
4816		Charges à répartir	30000	
	79	Transfert de charges		30000
		31/12/N		
6812		Dotations aux amortissements des charges à répartir	10 000	
	4816	Charges à répartir		10 000

On constate que la trésorerie de l'entreprise Durand est affectée au cours de l'exercice N. En revanche, la charge de l'année N n'est que de 10 000 (30000 – 30000 + 10 000).

Ainsi, à la fin de l'exercice N, le compte de situation 4816 « charges à répartir » a un solde débiteur de 20 000.

2. Comptabilisation en N + 1 et N + 2

		31/12/N + 1 et N + 2		
6812		Dotations aux amortissements des charges à répartir	10 000	
	4816	Charges à répartir		10 000

À la fin de l'exercice N + 1 le compte 4816 est débiteur de 10 000.

À la fin de l'exercice N + 2, le compte 4816 est soldé. La charge pesant sur les exercices N + 1 et N + 2 est de 10 000.

Fiche 55

CRÉANCES ET DETTES EN MONNAIES ÉTRANGÈRES

I - L'ENREGISTREMENT À L'INVENTAIRE

A - Principes d'évaluation

1. À la date du contrat

Lors de la facturation, les achats et les ventes en monnaies étrangères sont comptabilisés en francs sur la base du cours de change à cette date.

2. À la fin de l'exercice comptable

Les créances et les dettes en monnaies étrangères non réglées à la date de clôture des comptes doivent être converties sur la base du dernier cours de change.

Deux situations se présentent :

- l'évaluation au cours de change de clôture fait apparaître un gain latent lié à :
  – une augmentation du cours de la devise pour les créances clients,
  – une diminution du cours de la devise pour les dettes fournisseurs ;
- l'évaluation au cours de change de clôture fait apparaître une perte latente liée à :
  – une diminution du cours de la devise pour les créances clients,
  – une augmentation du cours de la devise pour les dettes fournisseurs .

B - Principes de comptabilisation

1. Le gain latent

Le gain latent s'enregistre dans un compte transitoire de passif de la façon suivante :

- s'il s'agit d'une créance client, on débite le compte 411 du montant du gain latent par le crédit du compte 477 « Différence de conversion passif » : la créance client augmente ;
- s'il s'agit d'une dette fournisseur, on débite le compte 401 par le crédit du compte 477 : la dette fournisseur diminue.

2. La perte latente

La perte latente s'enregistre dans un compte transitoire d'actif. De plus, en vertu du principe de prudence, l'entreprise doit enregistrer une provision pour pertes de change.

L'enregistrement comptable sera le suivant :

- s'il s'agit d'une créance client, on crédite le compte 411 du montant de la perte latente par le débit du compte 476 « Différence de conversion actif » : la créance client diminue ;
- s'il s'agit d'une dette fournisseur, on crédite le compte 401 par le débit du compte 476 : la dette fournisseur augmente ;
- qu'il s'agisse d'une créance ou d'une dette, on constitue une provision à hauteur de la perte latente en débitant le compte 6865 « DAP pour risques et charges financières » par le crédit du compte 1515 « Provisions pour pertes de change ».

II - APPLICATION

A - Gain latent sur créance

1. Énoncé

Le 15/10/N, la société Alpha vend à crédit de 3 mois des produits finis à un client anglais pour une valeur de 1 000 £. Le cours de la livre sterling à cette date est de 1£ = 1,63 €.

La clôture de l'exercice intervient le 31/12/N, date à laquelle le cours de la devise est de 1 £ = 1,73 €.

2. Comptabilisation

Le client ne réglera la société Alpha que le 15/01/N + 1. S'il réglait le 31/12/N, il paierait 1 730 € (1 000 x 1,73) alors que la facture a été établie pour un montant de 1 630 € (1 000 x 1,63).

Ainsi, à la clôture de l'exercice, la société Alpha réalise un gain latent qui doit être enregistré de la façon suivante :

		31/12/N		
411		Clients	100	
	477	Différence de conversion passif		100

Au 15/10/N, le compte 411 avait été débité de 1 630 et son solde débiteur, concernant ce client, au 31/12/N, est de 1 730 : la créance client augmente de 100.

B - Gain latent sur dette

1. Énoncé

Le 20/11/N, la société Alpha achète des matières premières à un fournisseur américain à crédit de 2 mois. La valeur de la commande est de 1 000 $ avec un cours de 1 $ = 1 €.

À la date de clôture, soit au 31/12/N, le cours de la devise est de 1 $ = 0,97 €.

2. Comptabilisation

Si la société Alpha réglait sa facture le 31/12/N, elle paierait 970 € (0,97 x 1 000) alors que le montant figurant sur la facture est de 1 000 € (1 x 1 000).

À la date de clôture des comptes, l'entreprise réalise un gain latent lié à la diminution du cours de la devise. L'enregistrement comptable correspondant à cette constatation est le suivant :

		31/12/N		
401		Fournisseurs	30	
	477	Différence de conversion passif		30

Au 20/11/N, le compte 401 était créditeur de 1 000 et au 31/12/N, le solde créditeur est de 970 : la dette de la société Alpha envers son fournisseur américain a diminué de 30.

C - Perte latente sur client

Reprenons l'exemple du client anglais mais, cette fois-ci, on suppose qu'au 31/12/N le cours de la devise est de 1 £ = 1,56 €.

Si le client réglait le 31/12/N, il paierait 1 560 €. La facture se montant à 1 630 €, Alpha réaliserait une perte de 70 €.

Pour tenir compte de cette perte latente, on diminue la créance client de 70 en passant l'écriture suivante :

		31/12/N		
476		Différence de conversion actif	70	
	411	Clients		70

En vertu du principe de prudence, la constatation de cette perte latente nécessite d'enregistrer une provision :

		31/12/N		
6865		Dotations aux provisions pour risques et charges financières	70	
	1515	Provision pour pertes de change		70

D - Perte latente sur dette

Reprenons l'exemple du fournisseur américain en supposant qu'au 31/12/N le cours de la devise est de 1 $ = 1,04 €.

Si Alpha payait sa facture à cette date, la somme versée serait supérieure de 40 € au montant de la facture. Alpha réalise une perte latente à la clôture des comptes. Cette constatation nécessite l'enregistrement comptable suivant :

		31/12/N		
476		Différence de conversion actif	40	
	401	Fournisseurs		40
		31/12/N		
6865		Dotations aux provisions pour risques et charges financières	40	
	1515	Provision pour pertes de change		40

Le compte 401 est créditeur de 1 040 le 31/12/N.

Fiche 56

RÈGLEMENT DES CRÉANCES ET DETTES EN MONNAIES ÉTRANGÈRES

I - L'ENREGISTREMENT COMPTABLE

Le règlement des créances et des dettes en monnaies étrangères se fait sur la base du cours de change à la date de paiement.

A - Le règlement intervient pendant l'exercice comptable

1. Réalisation d'un gain

Si l'entreprise réalise un gain lié à une augmentation du cours de la devise lors du règlement d'une créance ou à une diminution de la devise à la date de paiement d'une dette, ce dernier est considéré comme un produit financier enregistré au crédit du compte 766 « Gains de change ».

2. Réalisation d'une perte

Si l'entreprise réalise une perte liée à une évolution défavorable du cours de la devise, cette perte est considérée comme une charge financière et est enregistrée au débit du compte 666 « Pertes de change ».

B - Le règlement intervient pendant l'exercice suivant

1. L'entreprise avait enregistré un gain latent

Deux situations peuvent se présenter lors du paiement de la facture :

- à la date de règlement, l'entreprise réalise effectivement un gain : celui-ci doit être enregistré au crédit du compte 766 ;
- l'entreprise réalise une perte qui sera enregistrée au débit du compte 666.

2. L'entreprise avait réalisé une perte latente

Les deux situations précédentes peuvent également se présenter et le gain effectif (la perte effective) sera enregistré (e) de la même façon. De plus, lors de la constatation de la perte latente, l'entreprise avait constitué une provision qui n'a plus lieu d'être puisque le risque a disparu : l'entreprise doit effectuer une reprise sur provisions pour pertes de change en débitant le compte 1515 par le crédit du compte 7865 « Reprises sur provisions pour risques et charges financiers ».

II - APPLICATION

A - L'ENTREPRISE AVAIT RÉALISÉ UN GAIN LATENT

Reprenons l'exemple du gain latent sur créance donné dans la fiche n° 55.

Lors de la facturation le 15/10/N, le cours de la devise était de 1 £ = 1,63 €.

À la date d'inventaire, le 31/12/N, l'entreprise avait enregistré un gain latent de 100 € lié à une augmentation de 0,10 € de la devise.

Le règlement de la créance client doit intervenir le 15/01/N + 1.

Nous considérons deux situations à cette date.

1. L'entreprise Alpha réalise un gain effectif

On suppose que le cours de la devise le 15/01/N + 1 est de 1 £ = 1,70 €.

Avant l'enregistrement du règlement de la facture, le compte 411 concernant ce client anglais est débiteur de 1 730 (1 630 + 100) et le compte 477 est créditeur de 100.

Ces deux comptes doivent être soldés lors du règlement puisque la créance disparaît.

L'enregistrement comptable est le suivant :

		15/01//N+1		
512		Banque	1 700	
477		Différence de conversion passif	100	
	766	Gains de change		70
	411	Clients		1 730

Le crédit du compte 766 correspond au gain effectif : entre la date de facture et la date de règlement, le cours de la devise est passé de 1 £ = 1,63 € à 1 £ = 1,70 €.

Le gain réel apparaît inférieur au gain latent enregistré à l'inventaire précédent.

Le compte 512 est débiteur de 1 700 €, qui est la somme effectivement perçue le 15/01/N + 1.

2. L'entreprise Alpha réalise une perte

On suppose que le cours de la devise au 15/01/N + 1 est de 1 £ = 1,60 €.

De la même façon que précédemment, quelle que soit l'évolution des cours, les comptes 411 et 477 doivent être soldés à la date de règlement. Mais, cette fois-ci, cette opération fait apparaître une perte de change :

		15/01//N+1		
512		Banque	1 600	
477		Différence de conversion passif	100	
666		Pertes de change	30	
	411	Clients		1 730

Le débit du compte 666 correspond à la perte réelle : entre la date de facture et la date de règlement, le cours de la devise est passé de 1 £ = 1,63 € à 1 £ = 1,60 €. Le gain latent enregistré le 31/12/N ne s'est pas réalisé.

Le compte 512 est débiteur de 1 600 €, somme perçue par Alpha au moment du règlement.

B - L'ENTREPRISE AVAIT RÉALISÉ UNE PERTE LATENTE

Reprenons l'exemple de la perte latente sur dette donné dans la fiche n° 55. Lors de la facturation le 20/11/N, le cours de la devise était de 1 $ = 1 €. À la date d'inventaire, le 31/12/N, l'entreprise avait enregistré une perte latente de 40 € liée à une augmentation de 0,04 € de la devise.

Le règlement de la dette fournisseur doit intervenir le 20/01/N + 1. Nous considérons deux situations à cette date.

1. L'entreprise réalise une perte effective

On suppose que le cours de la devise, le 20/01/N + 1, est de 1 $ = 1,05 €.

Le 31/12/N, le compte 401 fournisseur est créditeur de 1 040 (1 000 + 40) et le compte 476 présente un débit de 40. Lors du règlement de la facture par la société Alpha, ces deux comptes doivent être soldés puisque la dette fournisseur disparaît. De plus, la provision qui avait été constituée est devenue inutile et doit par conséquent faire l'objet d'une reprise. L'opération fait apparaître une perte effective supérieure à la perte latente déjà enregistrée.

———————————— 20/01//N+1 ————————————

401		Fournisseurs	1 040	
666		Pertes de change	50	
	512	Banque		1 050
	476	Différence de conversion actif		40

——————————————— ———————————————

1515		Provisions (pertes de change)	40	
	7865	Reprises sur provisions pour risques et charges		40

——————————————— ———————————————

On constate que la charge effectivement supportée par l'entreprise en N + 1 est de 10. Cette somme est la différence entre la perte réelle et la provision constituée le 31/12/N.

2. L'entreprise réalise un gain

On suppose que le cours de la devise le 20/01/N + 1 est de 1 $ = 0,98 €.

À la date de règlement, on passe l'écriture suivante :

———————————— 20/01//N+1 ————————————

401		Fournisseurs	1 040	
	766	Gains de change		20
	512	Banque		980
	476	Différence de conversion actif		40

——————————————— ———————————————

1515		Provisions (pertes de change)	40	
	7865	Reprises sur provisions pour risques et charges		40

——————————————— ———————————————

On constate que le résultat de l'entreprise augmente de 20. Cette somme correspond au gain de change effectif, lié à la diminution du cours de la devise entre la date de facturation et la date de paiement et à la reprise de la provision.

Fiche 57

EMPRUNTS EN MONNAIES ÉTRANGÈRES

I - L'ENREGISTREMENT COMPTABLE

Les emprunts sont des dettes. À ce titre, l'évaluation et la comptabilisation des emprunts libellés en monnaies étrangères répondent aux mêmes principes que ceux qui sont retenus pour les dettes fournisseurs.

A - À LA DATE DU CONTRAT

À la date de signature du contrat, l'emprunt en monnaie étrangère est comptabilisé en francs sur la base du cours de change à cette date en :

- débitant le compte 512 du montant calculé ;
- créditant le compte 16 « Emprunts et dettes assimilées » de ce même montant.

B - À LA DATE D'INVENTAIRE

L'emprunt est libellé sur la base du dernier cours de change. Deux situations se présentent :

- le cours a diminué : un gain latent doit être enregistré ;
- le cours a augmenté : une perte latente et une provision pour pertes de change doivent être enregistrées.

Lors des inventaires suivants, c'est-à-dire après le versement de la première annuité de remboursement, il faut tenir compte des pertes latentes (gains latents) et des provisions enregistrées lors des inventaires précédents.

À chaque inventaire, le solde des comptes concernés (16, 476, 477, 1515) doit toujours faire apparaître la dette exprimée en francs actuels et le montant de la provision correspondant étant donné la différence entre la dette actuelle et la dette calculée sur la base du cours de change à la date du contrat.

C - LORS DES REMBOURSEMENTS

Le montant de chaque annuité de remboursement est calculé sur la base du cours de change à la date de paiement.

Deux situations se présentent selon que le cours de la devise a augmenté depuis la date du contrat (perte effective) ou diminué (gain effectif).

II - APPLICATION

A - ÉNONCÉ

L'entreprise Gamma a souscrit un emprunt à taux d'intérêt nul d'une valeur de 200 000 $ auprès d'une entreprise américaine le 01/10/N. À cette date, le cours de la devise est de 1 $ = 1 €.

Il s'agit d'un emprunt d'une durée de 8 ans. Chaque année, au 1er octobre, une annuité constante de 25 000 $ est remboursée.

Les cours successifs de la devise sont les suivants :

- au 31/12/N : 1 DM = 1,02 € ;
- au 01/10/N + 1 : 1 DM = 0,98 € ;
- au 31/12/N + 1 : 1 DM = 1,05 €.

B - ÉCRITURES COMPTABLES

1. Enregistrement de l'emprunt

Converti en euros à la date du contrat, l'emprunt a une valeur de 200 000 €. Cette somme est perçue par la société Gamma le 01/10/N :

		01/10/N		
512		Banque	200 000	
	164	Emprunts auprès des établissements de crédit		200 000

2. Régularisation au 31/12/N

À l'inventaire de l'année N, on constate que le cours de la devise a augmenté. Si l'entreprise devait rembourser l'intégralité de l'emprunt le 31/12/N, la valeur en euros de la somme qui serait versée serait 240 000 € (200 000 x 1,02).

Dès lors, Gamma doit enregistrer une perte latente de 4 000 € et constituer une provision pour pertes de change :

		31/12/N		
476		Différences de conversion actif	4 000	
	164	Emprunts auprès des établissements de crédit		4 000
6865		Dotations aux provisions pour risques et charges financières	4 000	
	1515	Provision pour pertes de change		4 000

Il n'y a pas d'intérêt à régulariser puisque le taux est supposé nul.

3. Règlement de la première annuité

À la date de règlement de la première annuité, le cours de la devise a diminué par rapport à ce qu'il était à la date du contrat. L'entreprise réalise un gain de change réel dont le montant est calculé de la façon suivante :

$$(25\,000 \times 1) - (25\,000 \times 0{,}98) = 500\,€.$$

Le gain réel est égal à la différence entre la valeur du remboursement calculé sur la base du cours de change à la date du contrat et le remboursement effectivement payé étant donné le cours de la devise à la date du règlement.

		01/10/N + 1		
164		Emprunts auprès des établissements de crédit	25 500	
	766	Gains de change		500
	512	Banque		24 500
	476	Différences de conversion actif		500

Le compte 164 est débité de 25 500. Cette somme correspond à l'annuité de remboursement évaluée sur la base du cours de change le 31/12/N. Ainsi, le compte 476 est soldé progressivement lors de chaque remboursement. Le 01/10/N, il est soldé de 500, qui représente 1/8e de la perte latente enregistrée le 31/12/N (en effet, il y aura 8 remboursements successifs).

De la même façon, la provision qui a été constituée le 31/12/N doit être progressivement reprise étant donné l'évolution du cours de la devise :

		01/10/N + 1		
1515		Provisions (pertes de change)	500	
	7865	Reprises sur provisions pour risques et charges		500

Le 01/10/N + 1 on constate que :

– le compte 476 est débiteur de 3 500 ;

– le compte 164 est créditeur de 178 500 ;

– le compte 1515 est créditeur de 3 500.

4. Régularisation le 31/12/N + 1

Le 31/12/N + 1, l'emprunt restant dû est de 175 000 $. Exprimée en euros sur la base du cours de change de la date du contrat, cette dette est de 17 500 €. Au 31/12/N + 1, le cours de la devise est de 1 $ = 1,05 €. Si Gamma devait rembourser les 175 000 $ à cette date, le montant versé exprimé en euros serait de 183 750 €. Au 31/12/N + 1, Gamma constate une perte latente de 8 750 € (175 000 – 183 750).

Étant donné qu'une perte latente avait déjà été enregistrée lors de l'exercice précédent, puis partiellement diminuée, il suffit d'enregistrer un complément de telle sorte que le compte 164 soit créditeur de 183 750 et que la provision totale se monte à 8 750. L'enregistrement comptable est :

		31/12/N + 1		
476		Différence de conversion actif	5 250	
	164	Emprunts auprès des établissements de crédit		5 250
6865		Dotations aux provisions pour risques et charges financières	5 250	
	1515	Provision pour pertes de change		5 250

Fiche 58

L'IMPÔT SUR LES BÉNÉFICES

I - CALCUL DU RÉSULTAT FISCAL

A - PRINCIPES GÉNÉRAUX

1. Les impôts sur les bénéfices

- Les entreprises individuelles : l'impôt sur les bénéfices de l'entreprise est dû par l'exploitant et n'apparaît pas dans la comptabilité.
- Les sociétés non soumises à l'impôt sur les sociétés (IS) : l'impôt sur les bénéfices est dû par les associés et n'apparaît pas dans la comptabilité.
- Les sociétés soumises à l'IS : l'impôt est dû par l'entreprise et apparaît dans sa comptabilité. Le taux de l'IS est de 33 1/3 %.
- Les entreprises étaient soumises à une contribution additionnelle de 1,5 %. Elle a été supprimée le 1/1/2006. De plus, si leur bénéfice est supérieur à 763 000 €, elles sont soumises à une contribution sociale sur les bénéfices de 3,3 %.
- Les entreprises sont également soumises à un impôt forfaitaire annuel qui est progressivement supprimé à partir de 2009. Sa disparition totale est prévue en 2011.
- Des régimes particuliers sont appliqués à certaines entreprises. Il en est ainsi des entreprises de croissance « Gazelle ».

2 La notion de résultat fiscal

Le résultat servant de base au calcul de l'impôt n'est pas forcément le résultat comptable, qui est la différence entre les produits et les charges enregistrés tout au long de l'exercice comptable. Certaines réintégrations et certaines déductions peuvent être effectuées. Ainsi :

Résultat fiscal	=	résultat comptable
	+	réintégrations
	–	déductions

B - PRINCIPALES CORRECTIONS EXTRA-COMPTABLES

1. Les charges non déductibles

Il s'agit de charges qui ont été déduites afin d'obtenir le résultat comptable. Or, la loi fiscale interdit cette déduction : ces charges doivent être réintégrées pour déterminer le résultat fiscal. Il en est ainsi des frais généraux excessifs ou pour lesquels la preuve qu'ils ont été engagés dans l'intérêt de l'entreprise n'a pas été apportée.

2. Les provisions non déductibles

Les dotations aux provisions constituent des charges déduites lors du calcul du résultat comptable. Dans certains cas, la loi n'autorise pas la déduction de tout ou partie de la charge tant qu'elle n'est pas certaine. C'est la raison pour laquelle certaines provisions sont totalement ou partiellement réintégrées lors du calcul du résultat fiscal.

3. Les déductions supplémentaires

Simultanément aux réintégrations, des déductions supplémentaires peuvent être effectuées. Ces déductions concernent l'imposition des plus-values nettes.

II - COMPTABILISATION DE L'IMPÔT SUR LES SOCIÉTÉS

A - Calcul de l'impôt

L'impôt est calculé à partir du résultat fiscal de l'exercice comptable. Toutefois, si pendant le (s) exercice (s) précédent (s) l'entreprise a réalisé des pertes, elle peut déduire le montant total de ces pertes du résultat fiscal de l'exercice en cours. Ces pertes ne doivent pas remonter à plus de cinq années.

Le schéma de calcul du résultat imposable est le suivant :

	produits de l'exercice N
–	charges de l'exercice N
=	résultat comptable de l'exercice N
+	réintégrations
–	déductions
=	résultat fiscal de l'exercice N
–	pertes des exercices antérieurs
=	résultat imposable de l'exercice N

Ainsi, même si le résultat fiscal d'un exercice donné est positif, l'entreprise peut ne pas être redevable de l'IS sur cet exercice car le résultat imposable est nul ou négatif à cause des pertes des exercices antérieurs.

L'impôt se calcule de la façon suivante :

Impôt N = (résultat imposable N x 1/3) x 1,1

Au compte de résultat, on aura l'égalité suivante :

Résultat net N = résultat comptable N – Impôt N

B - Comptabilisation

1. Constatation de la charge

L'impôt sur les sociétés est une charge de l'exercice. À la date d'inventaire, il s'enregistre de la façon suivante :

– débit du compte 695 « Impôts sur les bénéfices » du montant de l'impôt calculé au taux de 33 1/3 % ;
– débit du compte 698 « contribution spéciale » du montant de la contribution supplémentaire de 10 % ;
– crédit du compte 444 « État-impôts sur les bénéfices » : l'entreprise a une dette envers l'administration fiscale.

2. Paiement de l'impôt

Le paiement de l'impôt s'effectue par quatre acomptes et un solde au cours de l'excercice suivant. Les acomptes sont calculés sur un bénéfice de référence. Il s'agit du résultat imposable du dernier excercice pour lequel le délai de déduction des résultats est expiré. Ce mode de paiement peut faire apparaître un crédit d'impôt.

À la date de chaque règlement, l'opération comptable est la suivante :

– crédit du compte 512 ;
– débit du compte 444 : la dette envers l'administration fiscale diminue.

3. L'imposition forfaitaire annuelle (IFA)

Chaque année, les sociétés doivent payer un impôt forfaitaire calculé en fonction de leur chiffre d'affaires. Pour une société clôturant ses comptes le 31 décembre, l'IFA est imputable jusqu'au 31 décembre N + 2. Ainsi, l'IFA peut être utilisé en paiement de l'IS pendant deux ans. Toutefois, si la société a la certitude qu'elle ne pourra pas imputer l'IFA pour cause d'absence d'IS à payer avant le 31 décembre N + 3 elle doit constater une charge de la façon suivante :

– débit du compte 697 « imposition forfaitaire annuelle des sociétés », du montant de l'IFA ;
– crédit du compte 444, pour le même montant.

Comme cela a été déjà précisé, l'IFA aura disparu en 2011.

III - APPLICATION

A - ÉNONCÉ

Le résultat comptable de l'entreprise Oméga soumise à l'IS et créée en (N – 3) calculé le 31/12/N est de 236000 €. Son résultat fiscal est de 240000 €. À la lecture du bilan relatif à l'exercice précédent, l'entreprise s'aperçoit que :

(1) le compte « Report à nouveau » a un solde débiteur de 261000 ;

(2) le compte « Report à nouveau » a un solde débiteur de 30000 ;

(3) le compte « Report à nouveau » a un solde créditeur de 25000.

Travail à faire :

– déterminer le montant de l'impôt dans chaque situation ;
– enregistrer l'impôt dans la deuxième situation.

B - Calcul de l'impôt

1. Perte antérieure de 261 000

Le résultat imposable est égal à la différence entre le résultat fiscal et les pertes antérieures. Il est donc négatif :

Résultat imposable N = 240 000 – 261 000 = – 21 000.

Dans cette situation, l'entreprise n'est pas redevable de l'impôt au titre de l'exercice N.

2. Perte antérieure de 30 000

Dans cette seconde éventualité, le résultat imposable est inférieur au résultat fiscal mais il reste positif :

Résultat imposable N = 240 000 – 30 000 = 210 000

L'impôt sur les sociétés est :

Impôt N = 210 000 x 1/3 = 70 000

Et le compte de résultat fera apparaître un résultat net de :

Résultat net N = 236 000 – 70 000 = 166 000

3. Perte antérieure nulle

Le solde du compte 11 « Report à nouveau » étant créditeur, cela signifie que les résultats sur les exercices antérieurs font globalement apparaître une augmentation du patrimoine de l'entreprise. Ainsi, le résultat imposable est le résultat comptable et :

Impôt N = 240 000 x 1/3 = 80 000

Résultat net N = 236 000 – 80 000 = 156 000

C - Comptabilisation

Si l'on retient la deuxième éventualité, l'enregistrement comptable est le suivant :

		31/12/N		
695		Impôt sur les bénéfices à 33,1/3 %	70 000	
	444	État-impôts sur les bénéfices		70 000

Fiche 59

L'AFFECTATION DES RÉSULTATS

I - LA DÉCISION D'AFFECTATION

A - PRINCIPES GÉNÉRAUX

À l'ouverture des comptes dans les sociétés, le résultat de l'exercice précédent est conservé dans le compte 12 « Résultat de l'exercice » jusqu'à son affectation.

La décision d'affectation ne peut porter que sur le bénéfice distribuable dont le calcul varie en fonction du report des résultats des exercices précédents. Selon la situation, il est égal :

- à la différence entre le résultat comptable net de l'exercice et les pertes antérieures. Ainsi :

Bénéfice distribuable N = Résultat comptable net N
– Pertes antérieures

- à la somme du résultat comptable net de l'exercice et du report bénéficiaire des années antérieures. Ainsi :

Bénéfice distribuable N = Résultat comptable net N
+ Report bénéficiaire

B - LES DIFFÉRENTES AFFECTATIONS

L'assemblée générale ordinaire (AGO) décide des différentes parts à attribuer.

1. À l'entreprise

L'AGO peut décider d'affecter une partie du bénéfice distribuable à la constitution de réserves :

– les sociétés soumises à l'IS ont l'obligation de porter 5 % du résultat distribuable au compte intitulé « Réserve légale » ;

– ce versement cesse d'être obligatoire lorsque le montant de la réserve a atteint 10 % du capital social ;

– en plus de la réserve légale, les entreprises peuvent constituer des réserves libres.

2. Aux associés

L'AGO peut décider de verser des dividendes à ses actionnaires. En principe, la mise en paiement des dividendes doit avoir lieu dans un délai maximal de neuf mois.

3. Le report à nouveau

Si le résultat distribuable n'a pas été affecté en totalité, le solde qui apparaît est ce que l'on appelle le « Report à nouveau ».

C - COMPTABILISATION

1. Objectif

L'affectation du résultat consiste à solder :
- le compte 12 « Résultat de l'exercice » ;
- le compte 119 « Report à nouveau (solde débiteur) » ou le compte 110 « Report à nouveau (solde créditeur) ».

L'objectif est :
- de faire apparaître le nouveau report à nouveau qui figurera dans le bilan de l'exercice comptable qui se commence ;
- d'avoir un compte 12 à zéro afin de pouvoir enregistrer à l'inventaire le résultat du nouvel exercice comptable dans ce compte.

2. Écriture comptable

On suppose que le résultat distribuable est positif et que le résultat de l'exercice a été bénéficiaire. Deux situations se présentent :

■ Le report à nouveau présentait un solde débiteur : l'écriture comptable consiste à débiter le compte 12 du montant du résultat net comptable de l'exercice précédent par le crédit des comptes suivants :
– 1061 « Réserve légale » ;
– 1068 « Autres réserves » du montant de la réserve libre ;
– 457 « Associés-dividendes à payer » du montant des dividendes que l'entreprise s'est engagée à payer aux actionnaires : l'entreprise a une dette envers ceux-ci ;
– 119 qui est soldé du montant du report à nouveau déficitaire lié aux pertes des exercices antérieurs ;
– 110 dans lequel apparaît éventuellement le nouveau report à nouveau (il ne peut être que créditeur) correspondant à la partie du bénéfice distribuable non affectée.

■ Le report à nouveau présentait un solde créditeur : l'écriture comptable consiste à débiter le compte 12 et le compte 110 des montants respectifs figurant à leur crédit par le débit des comptes énumérés précédemment à l'exception du compte 119 qui, dans ce cas, n'avait pas été ouvert.

II - APPLICATION

A - ÉNONCÉ

Le bilan de l'entreprise Thêta établi le 31/12/N présente, avant répartition, les postes de capitaux suivants :

– capital social (intégralement versé)	900 000
– réserve légale	53 260
– autres réserves	72 000
– report à nouveau	(11 256)
– résultat de l'exercice	63 289

L'AGO du 28/01/N + 1 décide de distribuer un dividende de 4 € à chacune des 9 000 actions.

La partie libre du résultat distribuable est reportée à nouveau.

B - TABLEAU D'AFFECTATION DES RÉSULTATS

Le tableau d'affectation des résultat permet de faire apparaître le bénéfice distribuable et les différentes affectations.

Il se présente de la façon suivante pour l'entreprise Thêta :

ORIGINES		AFFECTATIONS	
Report à nouveau antérieur	(11 256)	Réserve légale 52 033 x 0,05	2 601,65
Résultat de l'exercice	63 289	Autres réserves	0
		Dividendes 9 000 x 4	36 000
		Report à nouveau	13 431,35
Bénéfice distribuable	52 033	Total des affectations	52 033

C - Comptabilisation

		28/01/N + 1		
120		Résultat de l'exercice	63 289	
	1061	Réserve légale		2 601,65
	457	Associés-dividendes à payer		36 000
	119	Report à nouveau (N)		11 256
	110	Report à nouveau (N + 1)		13 431,35

Les comptes 120 et 119 qui apparaissaient au passif du bilan au 31/12/N sont soldés et ne figurent pas dans le bilan après répartition. En revanche, le nouveau report à nouveau y figure.

On lira au passif du bilan, après répartition, les lignes suivantes :

– capital social (intégralement versé)	900 000
– réserve légale	55 861,65
– autres réserves	72 000
– report à nouveau	13 431,35
– associés-dividendes à payer	36 000

PARTIE IV

LES ÉTATS FINANCIERS ANGLO-SAXONS : PRINCIPES GÉNÉRAUX

Fiche 60

ENVIRONNEMENT COMPTABLE ET FINANCIER INTERNATIONAL

Reflétant la réalité économique et politique, l'harmonisation comptable et financière internationale est fortement influencée par le système comptable et financier américain. C'est pourquoi les développements relatifs à la comptabilité anglo-saxonne (fiches n° 60-61-62-63) se réfèrent essentiellement à ce système.

I – LE DROIT COMPTABLE DANS LES PAYS ANGLO-SAXONS

A – ORIGINALITÉ DU DROIT COMPTABLE ANGLO-SAXON

Contrairement à la France, l'élaboration des règles comptables dans les pays anglo-saxons est confiée à des organismes privés. L'élaboration de la normalisation comptable est réalisée à travers un processus (« Due Process ») de recherche et de discussions entre différents experts. Ainsi, les références aux lois sont rares. Cette situation est née de la nécessité de créer un système d'information financière fiable pour aider les investisseurs lors de leurs prises de décision. Jusqu'à récemment, cette nécessité de justification de l'information financière était secondaire en France, où la comptabilité n'est pas autonome. En effet, la législation fiscale ankylose, par sa rigidité, les entreprises françaises.

1. La normalisation comptable aux États-Unis

– Le FASB (Financial Accounting Standards Board)
Créé en 1973, cet organisme privé est chargé de la normalisation comptable américaine. Il publie ou adapte des normes en totale indépendance à l'égard de la profession et des autorités publiques.

– La SEC (Security and Exchange Commission)
La SEC a été créée en 1934, à la suite de la crise financière de 1929. Sa création répondait à un souci d'harmonisation et de respect des règles comptables et financières.

Le FASB et la SEC travaillent en étroite collaboration, même si cette dernière exerce un pouvoir de surveillance sur le FASB et la profession comptable.

2. Les US GAAP (Generally Accepted Accounting Principles)

Les US GAAP sont les principes généralement admis pour les entreprises qui désirent présenter leurs documents financiers selon les principes américains. Il s'agit de conventions qui régissent la présentation de l'information financière aux tiers. En France, c'est le plan comptable qui remplit ce rôle, autorité qui lui a été conférée par la loi.

II — L'HARMONISATION COMPTABLE INTERNATIONALE

A – Pourquoi une harmonisation comptable ?

Aujourd'hui, les entreprises évoluent dans un contexte économique d'internationalisation et de globalisation des marchés financiers. Toutefois, elles restent soumises à l'application des normes comptables et à l'environnement financier, fiscal et juridique du pays dans lequel elles ont établi leur siège social.

La principale raison de la recherche d'une harmonisation comptable et financière internationale est de permettre une comparaison des états financiers d'entreprises de pays différents. En effet, il existe des divergences fondamentales dans le traitement de nombreuses activités économiques.

L'un des objectifs est de fournir la meilleure information financière possible aux investisseurs potentiels. Les entreprises, ayant besoin de capitaux, essaient de plus en plus d'obtenir des financements internationaux. Pour cela, elles ont besoin d'analyses s'appuyant sur leurs comptes. Des normes internationales ne pourront que faciliter ces analyses.

B – Vers une convergence des normes

1. Le rôle prédominant de l'IASB (International Accounting Standards Board)

L'IASC (International Accounting Standards Comittee) a été créé en 1973 en vue de contribuer à l'harmonisation des états financiers en publiant des normes comptables internationales. Pendant plus de dix ans, les normes qu'il édictait se devaient simplement d'être cohérentes avec les référentiels nationaux. Cherchant à attirer de nouvelles entreprises, les grandes places financières internationales ont suscité l'intérêt d'une véritable harmonisation internationale. Ainsi, en 1995, IOSCO (International Organization of Securities Commission) et l'IASC ont décidé l'élaboration d'un ensemble de normes comptables internationales. En avril 2001, l'IASC est devenu l'IASB. Il apparaît aujourd'hui comme le seul normalisateur comptable international.

2. Les normes IFRS (International Financial Reporting Standards)

Les normes établies par l'IASB sont maintenant au nombre de 42. Il s'agit des normes IAS (International Accounting Standards). Elles ont été reconnues fin 1999 par IOSCO. Les nouvelles normes établies par l'IASB sont dénommées normes IFRS.

Il s'agit de la création d'un véritable langage comptable international. La SEC reconnaît certaines des normes IAS/IFRS mais, pour l'instant, une entreprise souhaitant faire coter une partie de ses actions sur la bourse de New York devra encore respecter les US GAAP. Ainsi, il existe encore, actuellement, deux jeux de normes au niveau mondial : les normes américaines et les normes IAS/IFRS..

Au niveau européen, la réglementation a rendu obligatoire l'utilisation des normes IAS/IFRS par les sociétés cotées européennes à partir du 1/1/2005. D'ailleurs, les entreprises européennes sont organisées au sein de l'EFRAG (European Financial Reporting Advisory Group), organisation privée financée par les différentes parties prenantes en Europe, dont la mission est de travailler avec l'IASB.

Afin de se doter d'une structure de gouvernance indépendante, l'EFRAG a annoncé, en décembre 2008, de futures modifications de sa structure et de son mode de financement.

Fiche 61

LES TECHNIQUES COMPTABLES ANGLO-SAXONNES

Deux remarques préliminaires doivent être faites :

– dans les comptes anglo-saxons tout chiffre négatif apparaît entre parenthèses
– la présentation des chiffres diffère de celle en vigueur en France. Ainsi, on pourra lire 4400,00 $ et 4400,00 euros. Autrement dit, il y a inversion des points et des virgules.

I – PRINCIPAUX ASPECTS

A – Les mécanismes du système comptable américain

Ces mécanismes sont proches de ceux en vigueur en France. Comme cela a été signalé dans la fiche 60 les différences portent plus sur les objectifs assignés à la comptabilité que sur les procédures, mêmes si quelques différences apparaissent également à ce niveau.

1. Le principe de la partie double

La méthode de saisie des flux économiques répond, comme en France, au principe de la partie double (*cf.* fiche 3). De même, le fondement de l'enregistrement comptable est le compte (crédits à droite et débits à gauche). Il existe des comptes de charges et de produits et des comptes d'actif et de passif.

2. L'absence de nomenclature des comptes

Une différence importante entre la comptabilité française et la comptabilité anglo-saxonne est l'absence de nomenclature des comptes aux États-Unis et en Grande-Bretagne. Chaque entreprise établit, selon ses besoins, sa propre liste de comptes.

B – Le cycle comptable

Comme en France, le cycle comptable respecte les étapes suivantes :

– enregistrement chronologique des opérations dans le journal
– report chronologique des opérations dans le grand livre
– établissement d'une balance de vérification (ou balance avant inventaire)

– enregistrement des écritures d'inventaire
– établissement des états de synthèse
– réouverture des comptes

La durée d'un exercice comptable est d'une année, qui ne correspond pas forcément à l'année calendaire. Comme en France, l'enregistrement comptable respecte le principe de la séparation des exercices.

II – LES TRAVAUX D'INVENTAIRE

A la fin de l'exercice comptable, sont réalisés les travaux d'inventaire qui comprennent les écritures d'ajustement (régularisation des stocks, des charges et des produits constatés d'avance, des charges à payer, des produits à recevoir, comptabilisation des amortissements et des provisions, etc.), les écritures de regroupement (constatation du résultat de l'exercice) et l'établissement des documents de synthèse compte de résultat et bilan, notamment).

A – LES ÉCRITURES D'AJUSTEMENT

Les écritures de régularisation concernent les stocks lorsque l'inventaire n'est pas permanent, l'ajustement des charges et des produits, les amortissements, les provisions, etc....

Seules les opérations de régularisation liées aux charges et aux produits constatés d'avance, aux charges à payer, aux produits à recevoir et, aux amortissements sont présentées.

1. Les charges et les produits constatés d'avance

Pendant l'exercice comptable, on comptabilise les charges et les produits dont une partie concerne le prochain exercice de la façon suivante :

– s'il s'agit d'une charge, elle est enregistrée au débit du compte de charge payée d'avance concerné ;
– s'il s'agit d'un produit, il est enregistré au crédit du compte de produit comptabilisé d'avance concerné.

Lors des opérations d'ajustement, les comptes de charges payées d'avance sont crédités du montant des charges relatives à l'exercice écoulé par le crédit des comptes de charges concernés. De la même façon, les comptes de produits comptabilisés d'avance sont débités du montant des produits se référant à l'exercice comptable se terminant par le crédit des comptes de produits correspondant (*cf.* fiche 36 pour la méthode d'enregistrement en France).

Ainsi, supposons que le 1er septembre 2005, une entreprise américaine paie par chèque et comptabilise sa prime d'assurance d'un montant de $ 3,300. L'exercice comptable se termine le 31 décembre 2005. L'écriture comptable au journal le 1er septembre est :

1er septembre 2005		
Prepaid insurance (prime d'assurance payée d'avance)	3,300	
Cash (Banque)		3,300

L'écriture comptable de régularisation le 31 décembre 2005 est :

31 décembre 2005		
Insurance expense (Prime d'assurance)	1,100	
Prepaid insurance (prime d'assurance payée d'avance)		1,100

Ainsi, à la fin de l'exercice comptable, le compte de charge comptabilisé d'avance fait apparaître un solde débiteur de $ 2,200 qui correspond à la partie de la prime d'assurance qui concerne l'exercice comptable suivant.

2. Les charges à payer et les produits à recevoir

L'enregistrement comptable est identique à celui qui existe en France (*cf.* fiches 34 et 35). En effet, si pendant l'exercice une charge apparaît alors que son règlement doit intervenir au cours de l'exercice suivant, elle est enregistrée au débit du compte de charge concerné par le crédit du poste de charge à payer correspondant. De même, lorsqu'il s'agit d'un produit à recevoir, le produit concernant l'exercice est comptabilisé au crédit du compte de produit intéressé par le débit du compte de produits à recevoir correspondant.

Prenons l'exemple d'un charge à payer. Supposons qu'au 31 décembre 2005 une entreprise américaine dispose de l'information suivante : le loyer du mois de décembre qui s'élève à $1,500 ne sera payé que le 5 janvier 2006.

Au 31 décembre, l'écriture comptable est :

31 décembre 2005		
Rent expense (Loyer)	1,500	
Rent payable (Loyer à payer)		1,500

Le 5 janvier 2006, l'écriture est :

5 janvier 2006		
Rent payable (Loyer à payer)	1,500	
Cash (Banque)		1,500

3. Les amortissements

Les amortissements concernent les immobilisations corporelles qui sont enregistrées au bilan à leur coût historique. Leur comptabilisation permet de constater, au cours du temps, la perte de valeur de l'immobilisation.

Pour calculer l'amortissement d'un bien, l'entreprise doit effectuer des choix :

– estimation de la durée de vie de l'immobilisation : contrairement à la France, l'entreprise détermine une unité de référence (exemple : nombre d'unités produites) qui permet de mesurer la durée de vie de l'immobilisation concernée ;
– la méthode d'amortissement : aux États-Unis, l'entreprise peut choisir entre l'amortissement linéaire, une méthode d'amortissement dégressif (à taux fixe, à taux accéléré, à taux décroissant), la méthode des amortissements variables, ou une autre méthode.

Comme en France, la dépréciation annuelle est comptabilisée en tant que charge lors de l'inventaire par le crédit d'un compte d'actif d'amortissements cumulés. Ainsi, si au titre de l'exercice 2005, la dotation aux amortissements d'un matériel est de $ 2,000, l'enregistrement comptable à l'inventaire est :

31 décembre 2005		
Depreciation expense, material (Charge d'amortissement du matériel)	2,000	
Accumulated depreciation (amortissements cumulés)		2,000

B – Les écritures de regroupement

Il s'agit des écritures de clôture des comptes. Comme en France, une fois les écritures de régularisation enregistrées, toutes les charges et tous les produits de l'exercice se trouvent comptabilisés dans les comptes concernés. Ces comptes sont soldés afin de déterminer le résultat de l'exercice qui est la différence entre les produits et les charges. Ce solde est ensuite reporté dans la rubrique « capitaux propres » du bilan.

C – Les documents de synthèse

Comme en France, les deux principaux documents sont le compte de résultat (Income statement – Profit and loss account) et le bilan (Balance sheet).

En Grande-Bretagne, comme aux États-Unis, le besoin d'une transparence financière rend obligatoire l'établissement de documents supplémentaires en vue d'une meilleure compréhension du bilan et du compte de résultat par les tiers. Certains de ces documents n'ont pas leur équivalent en France.

Fiche 62

LE COMPTE DE RÉSULTAT (*Income statement – Profit and loss account*)

Dans les pays anglo-saxons, l'enregistrement comptable respectant le principe de séparation des exercices (*cf.* fiche 61), comme en France, le résultat n'est pas déterminé en fonction du dénouement financier des opérations mais à partir des documents commerciaux.

Au-delà de ce point commun, l'établissement du compte de résultat aux États-Unis et en Grande-Bretagne, fait apparaître des différences de forme et de fonds par rapport au document français. Cette fiche est consacrée au compte de résultat aux États-Unis.

I – LE CONTENU DU COMPTE DE RÉSULTAT

Présenté verticalement, le compte de résultat fait apparaître l'ensemble des produits et des charges de l'exercice. Le compte de résultat fait la distinction entre le résultat sur activités courantes et le résultat généré par des activités non courantes.

A – PRINCIPES DE DÉTERMINATION DU RÉSULTAT COURANT

Le compte de résultat peut être présenté sous forme simplifiée ou sous forme développée. Selon la présentation choisie, différents niveaux de résultats peuvent apparaître. Le résultat courant est généré par toutes les activités habituelles de l'entreprise. Ainsi, il est la somme du résultat d'exploitation et du résultat financier.

1. L'enregistrement des ventes

Le premier poste de produits correspond au ventes nettes. Il s'agit des ventes de l'exercice après déduction des réductions commerciales et des escomptes accordés par l'entreprise.

2. Le classement des charges

Les charges ne sont pas classées par nature comme en France mais par fonction :

- fonction de production
- fonction de ventes
- fonction administrative
- fonction financière

De plus, le premier poste de charges est le coût de revient des produits et/ou des marchandises vendus. S'il s'agit d'une entreprise commerciale ce coût est calculé de la façon suivante :

Stock initial de marchandises + Achats de marchandises de l'exercice
– Stock final de marchandises

B – Principes de détermination du résultat non courant

Les activités non courantes de l'entreprise concernent les opérations jugées inhabituelles. La détermination du caractère inhabituel d'un élément n'est pas aisée et ne correspond pas forcément à la notion de charges et de produits exceptionnels en France. Ainsi, les cessions d'immobilisations corporelles ne font pas partie de l'activité exceptionnelle dans la comptabilité anglo-saxonne, contrairement à la comptabilité française (*cf.* fiche 44). De plus, un élément peut être considéré comme exceptionnel même s'il résulte d'une activité courante (exemple : conséquence d'une interdiction due à une nouvelle loi).

Les éléments exceptionnels sont reportés dans le compte de résultat à la suite du résultat sur opérations courantes, net d'impôts.

II – EXEMPLE DE COMPTE DE RÉSULTAT SIMPLIFIÉ

	N + 1	N
Revenues		
Net sales		
Rent revenue		
Interest revenue		
Gain on sale of equipement		
Total revenues		
Expenses		
Cost of good sold		
Selling expense		
General and adminsitrative expense		
Depreciation expense		
Interest expense		
Loss on sale of equipment		
Income tax expense		
Total expenses		
Income before extraordinary items		
Extraordinary items less income tax		
NET INCOME		

Fiche 63

LE BILAN
(*Balance sheet*)

Comme en France, les valeurs sont inscrites au bilan à leur coût historique. En revanche, il n'existe pas de présentation unique. On observe des variantes d'une activité à l'autre. De plus, les bilans anglais et américains ne répondent pas à la même logique de présentation des principales rubriques. Cette fiche est consacrée au bilan tel qu'il est établi aux États-Unis.

I - PRINCIPALES CARACTÉRISTIQUES

Le bilan est l'image, à une date donnée, de la situation de l'entreprise en termes d'actifs, de dettes et de capitaux propres.

A – Les grandes masses du bilan

Les trois grandes masses du bilan sont les actifs, les dettes et les capitaux propres. Selon la forme juridique de l'entreprise, la dénomination des capitaux propres est différente. Lorsqu'il s'agit d'une entreprise individuelle, on utilise le terme *owner's equity*. Pour les sociétés de personnes on parle de *partner's equity*. Le terme *stockholder's equity* est réservé au sociétés par actions.

L'équation d'équilibre du bilan est telle que :

Actifs = Dettes + Capitaux propres

Assets = Liabilities + Equity

Dans le bilan américain, les postes de l'actif sont, généralement, classés dans un ordre décroissant de liquidité. Les postes du passif sont classés dans un ordre décroissant d'exigibilité. Ainsi, le bilan américain propose un classement de ses différents éléments qui diffère nettement de la présentation du bilan français.

Si aucune présentation standardisée n'est imposée, le bilan doit impérativement contenir les chiffres de l'année et les valeurs correspondantes de l'exercice précédent. De plus, les bilans sont toujours établis après répartition des bénéfices.

Les bilans peuvent être présentés de façon horizontale (sous forme de tableau) ou verticalement (présentation en liste). La présentation est le plus souvent en liste. Le contenu peut être plus ou moins détaillé.

B – Exemple de bilan

Il ne s'agit que d'un exemple et non d'un modèle standard.

Ce bilan est une représentation du type de bilan que l'on peut trouver dans les états financiers d'une société par actions américaine. Il est assez détaillé afin de mieux cerner le contenu des principaux postes.

	N + 1	N
ASSETS		
Current assets		
Cash		
Short term investments		
Accounts and notes receivables less allowance		
Inventories		
Short term prepayments		
Total current assets		
Fixed assets		
Investments		
Tangibles assets		
Land		
Building less accumulated depreciation of building		
Equipment less accumulated depreciation of equipment		
Intangible assets		
Patents		
Trade marks		
Total fixed assets		
TOTAL ASSETS		
LIABILITIES AND SHAREHOLDER'S EQUITY		
Current liabilities		
Accounts and notes payable		
Income taxes payable		
Dividends payable		
Total current liabilities		
Long-term liabilities		
Notes borrowings		
Bond borrowings		
Other long-term liabilities		
Total long-term liabilities		
Stokholder's equity		
Stated Capital		
Retained earnings		
Total stockholder's equity		
TOTAL LIABILITIES AND SHAREHOLDER'S EQUITY		

II - CONTENU DU BILAN

Il s'agit de donner des indications relatives aux postes du bilan présenté ci-dessus afin de mettre en évidence certaines spécificités du bilan américain par rapport au bilan français.

A - Les actifs

Comme en France, l'actif est composé de l'actif circulant et de l'actif immobilisé.

1. L'actif circulant

L'actif circulant comprend les disponibilités (*cash*), les valeurs mobilières de placement (*short-term investments*), les clients et effets à recevoir (*accounts and notes receivables*) nets des provisions (*allowances*), les stocks (*inventories*) et les charges constatées d'avance (*short-term prepayments*).

On remarque que les effets à recevoir figurent au bilan. En France ce sont des éléments hors bilan.

2. L'actif immobilisé

L'actif immobilisé comprend les immobilisations financières (*investments*), les immobilisations corporelles (*tangible assets*) et les immobilisations incorporelles (*intangible assets*).

Comme en France, les immobilisations financières comprennent les participations et les prêts à long terme. En revanche, on y trouve aussi des immobilisations corporelles si celles-ci ont été acquises dans un but spéculatif.

De la même façon que dans la comptabilité française, les immobilisations corporelles concernent tous les actifs destinés à l'activité d'exploitation de l'entreprise. Ainsi, on y trouve les terrains (*land*), les constructions (*building*) après prise en compte des amortissements cumulés (*accumulated depreciation*), les équipements (*equipment*) nets d'amortissements cumulés, etc.

Les immobilisations incorporelles correspondent, par exemple, aux brevets (*patents*) et aux marques (*trade marks*).

B - Les dettes

Les dettes (*liabilities* ou *debts*) sont composées des dettes à court terme et des dettes à long terme.

1. Les dettes à court terme

Les dettes à court terme comprennent :

– les fournisseurs et les effets à payer (*accounts and notes payable*) :

on remarque que, comme les effets à recevoir, les effets à payer sont inscrits au bilan;
– les impôts à payer (*income tax payable*): il peut également s'agir d'autres charges à payer (exemple: charges sociales);
– les dividendes à payer (*dividends payable*);
– la fraction des emprunts à plus d'un an arrivant à échéance à moins d'un an: en France, cette fraction reste inscrite dans les dettes à long terme, elle est signalée par une note en bas du bilan;
– autres dettes à court terme.

2. Les dettes à long terme

Parmi les dettes à long terme, on distingue les emprunts indivis (*notes borrowings*) et les emprunt obligataires (*bonds borrowings*).

Les autres dettes à long terme comprennent différents éléments dont les produits constatés d'avance.

C – Les capitaux propres

Cette rubrique est plus ou moins détaillée selon la forme juridique de l'entreprise. Ceci est également vrai dans la comptabilité française.

Le premier poste de cette rubrique est le capital social (*stated capital*) qui peut être composé de différentes formes d'actions.

Comme en France, on y trouve les primes d'émission (augmentation de capital).

Un poste très important est celui des réserves (*retained earnings*).

Le résultat de l'exercice n'apparaît pas puisque le bilan est après répartition.

Fiche 64

LEXIQUE DES PRINCIPAUX TERMES ANGLO-SAXONS

Account: compte, poste

Accounting: comptabilité

Accounting procedure: la procédure comptable

Account payable: compte fournisseurs

Account receivable: compte client

Accrual payable: charge à payer

Acquisition: acquisition, investissement

Acquisition cost: coût historique, coût d'acquisition

Adjusting entries: écritures de régularisation ou d'ajustement

Adjusting entries covering recording date: régularisation des charges et des produits comptabilisés d'avance

Adjusting entries covering unrecorded data: régularisation des charges à payer et des produits à recevoir

Advance: acompte

Allowance: dotation, provision

Asset: actif

Bad debts: créances douteuses

Balance sheet: bilan

Bank reconciliation: rapprochement bancaire

Bank services charges: commissions bancaires

Beginning inventory: stock initial

Bill: facture, effet

Bond: obligation

Bond issue: émission d'un emprunt obligatiare

Bookkeeper: comptable

Book value: valeur comptable

Borrower: emprunteur

Building: construction

Capital/capital stock: capital

Capital increase: augmentation de capital

Capital issued: capital émis

Cash: trésorerie

Cash discount: escompte pour paiement comptant

Certified Public Accountant: expert comptable

Closing entries: écritures de clôture

Conservatism principle: principe de prudence

Consistency principle: principe de permanence des méthodes

Continuing activities: activités courantes

Corporate tax: impôt sur les sociétés

Cost: coût

Cost accounting: comptabilité analytique

Credit balance: solde créditeur

Creditor: créancier

Current account: compte courant

Current assets: actif circulant

Current liabilities: dettes à court terme

Current value: valeur actuelle de remplacement

Cutt-off date: date d'arrêt des comptes

Debt: dette

Debit balance: solde débiteur

Declining balance methode: méthode de l'amortissement dégressif

Deferred charge: charge constatée d'avance

Depreciation: amortissement

Depreciation allowance: dotation aux amortissements d'un exercice comptable

Discount: réduction commerciale ou financière

Disposal of assets: cession d'immobilisations

Dividend: dividende

Doubtful account: client douteux

Earned surplus: réserves et report à nouveau

Earnings: bénéfices

Earnings before taxes: bénéfice avant impôts

Ending inventory: stock final

Exchange rate: taux de change

Expenditure: dépense

Expense: charge, dépense

Extraordinary item: élément extraordinaire

Fair value: image fidèle

Financial accounting: comptabilité générale

Financial statement: état financier

Fixed assets: immobilisations

Freight-in expense: frais de transport

Gain on sale of equipement: profit sur cession de matériel

General expense: frais généraux

Historical cost: coût historique

Income: revenu, bénéfice

Income per share: bénéfice par action

Income statement: compte de résultat

Income tax: impôts sur les bénéfices

Insurance: assurance

Insurance expense: prime d'assurance

Intangible assets: immobilisations incorporelles

Interest expense: frais financiers

Inventory: stock

Invoice: facture

Invoicing: facturation

Journal: journal

Journal entry: écriture au journal

Ledger: grand livre

Liability: dette

Listed corporation: société cotée en bourse

Loan: prêt

Long-term debt, long term liability: dette à long terme

Long-term investments: immobolisations financières

Loss: perte

Machinary and equipement: matériel et équipement

Managerial accounting: comptabilité analytique

Minority interests: intérêts minoritaires

Misceallaneous expense: frais divers

Net income: résultat de l'exercice

Net worth: situation nette

Nominal value: valeur nominale

Note borrowing: emprunt indivis

Note payable: effet à payer

Note receivable: effet à recevoir

Note receivable discounted: effet remis à l'escompte

Notes to financial statement: annexes aux documents de synthèse

Operating expense: charge d'exploitation

Operating income: résultat d'exploitation

Other long-term liabilities: autres dettes à long terme

Owner's equity: capitaux propres

Patent: brevet

Postage expense: frais postaux

Prepaid expense: charge payée d'avance

Proceeds of note: recouvrement d'un effet par la banque

Proceeds of sales: produits des ventes

Property, plant and equipement: terrains, constructions et matériels

Provision: provision

Provision for contengency: provision pour risque

Purchases: achats

Purchases allowances: réductions sur achats

Purchases discounts: escomptes obtenus

Purchasing cost: coût d'achat

Raw material: matière première

Receivables : comptes clients
Rent expense : loyer
Replacement cost : coût de remplacement
Residual value : valeur résiduelle
Retained earnings : réserves
Royalty : redevance
Salaries expense : charges de personnel
Sale : vente
Sales allowance : réduction sur ventes
Sales discounts : escomptes accordés
Securuty : valeur mobilière
Shareholder : actionnaire
Short-term debt, short-term liability : dette à court terme
Short-term investments : placements financires à court terme
Start-up cost : frais d'établissement
Stock : action
Stock exchange : bourse
Stockholder : actionnaire
Sockholder's equity : capitaux propores
Straight-line method : méthode d'amortissement linéaire
Subsidy : subvention
Sum-of-the-year-digits : méthode d'amortissement dégressif
Supplies : matières consommables (fournitures)
Supplies expenses : achats fournitures
Tax credit : crédit d'impôt
Tax rate : taux d'imposition
Trade receivables : créances commerciales
Tangible assets : immobilisations corporelles
Total assets : total de l'actif
True and fair value : image sincère et fidèle
Turnover : chiffre d'affaires
Unearned revenue : produit constaté d'avance
Utilities expenses : eau, énergie
Valuation : évaluation
Value added : valeur ajoutée

Achevé d'imprimer en juillet 2009
sur les presses de la Nouvelle Imprimerie Laballery – 58500 Clamecy
Dépôt légal : juillet 2009 – Réf : 8736301/01 – Numéro d'impression : 906145
Imprimé en France

La Nouvelle Imprimerie Laballery est titulaire de la marque Imprim'Vert®